Kerstin Diacont

Richtig Schritt reiten

Die **Gangarten**

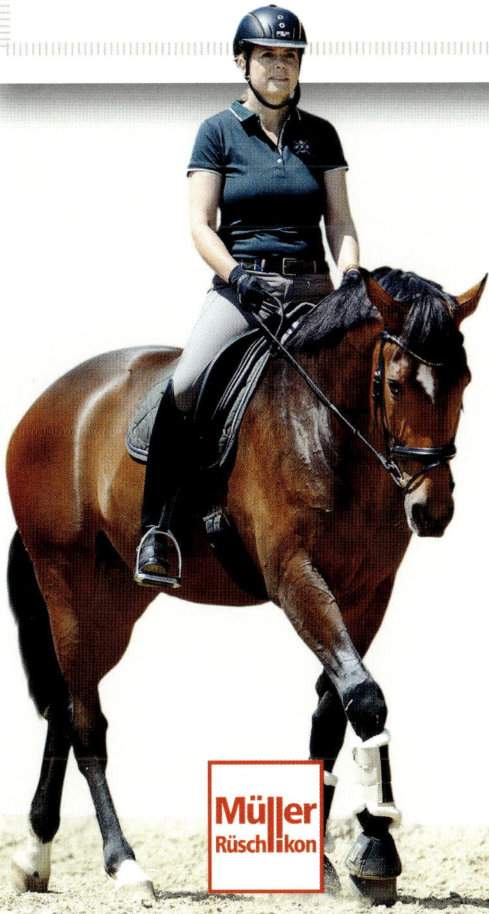

Müller Rüschlikon

IMPRESSUM

Einbandgestaltung: R2 I Ravenstein, Verden

Bildnachweis
Umschlagfoto: Horst Streitferdt www.foto-streitferdt.de
Archiv Diacont: Daniela Bach: S. 35 · Katharina Deutschbein: S. 13 unten Jessica Dörsam: S. 22, 23, 30, 36 · Martina Engelberg: S. 46 · Julia Hielscher: S. 4, 6, 14, 31, 42, 45, 53, 59, 69, 78 re, 85, 94 · Andrea Löffler: S. 26 · Michaela Michel: S. 12, 13 oben, 25, 50, 55 · Effi B. Rolfs: S. 28 · Miriam Stickler: S. 10, 20, 38, 48, 77 re oben · Heidrun Süßmuth: S. 70 · Verena Troschke: S. 77 unten, 78 li · Jutta Walenski: S. 60, 61
alle anderen Fotos, Illustrationen und Grafiken: Kerstin Diacont

ISBN 978-3-275-02225-0

Postfach 103743, 70032 Stuttgart
Ein Unternehmen der Paul Pietsch Verlage GmbH & Co. KG

1. Auflage 2021

Sie finden uns im Internet unter www.mueller-rueschlikon-verlag.de

Lektorat: Claudia König
Innengestaltung: Kerstin Diacont
Druck und Bindung: Graspo CZ, 76302 Zlin
Printed in Czech Republic

INHALT

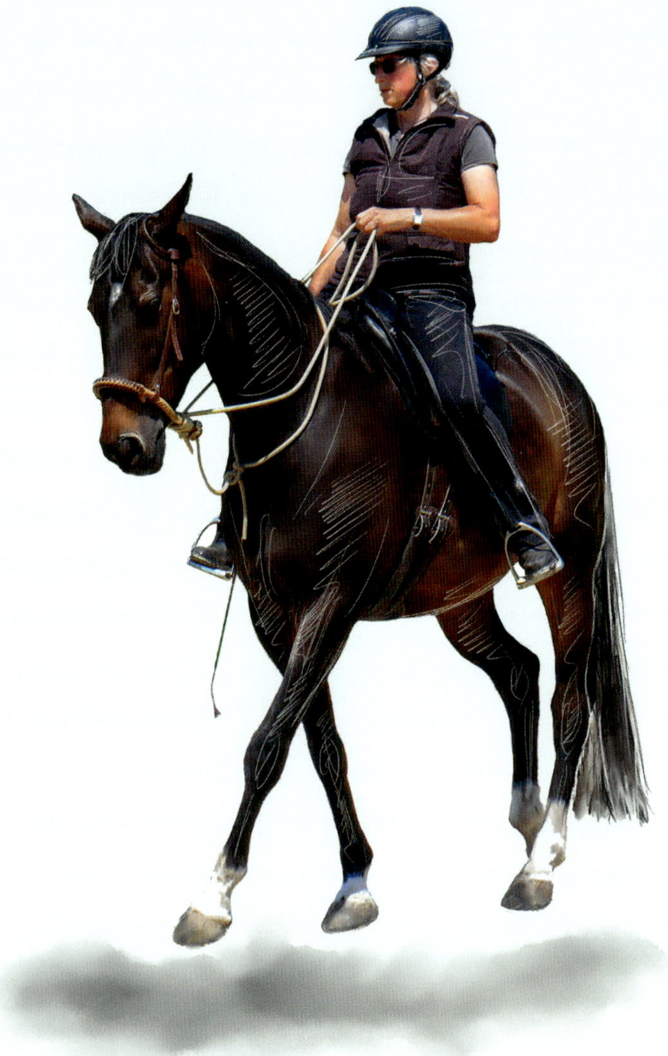

Schritt ist die Gangart der Wahl ...

... um Gehorsam, Koordination, Gleichgewicht und Geschmeidigkeit in der Langsamkeit zu erarbeiten. Schrittarbeit am Boden und an der Hand kann das Pferd auf seine Aufgaben als Reitpferd vorbereiten und die Hilfengebung schon vor dem Draufsitzen etablieren. Angstbewältigung und Verbesserung der Koordination in Trailübungen sind eine zusätzliche wichtige Domäne der Schrittarbeit. Aus Platzgründen werden die Übungen am Boden jedoch immer nur kurz angerissen. Hauptsächlich geht es hier um das Reiten.
Das Pferd kann sich mit dem Gewicht des Reiters arrangieren, treibende und verhaltende Hilfen bis hin zu ›Anhaltereflexen‹ können in langsamem Tempo etabliert und geübt werden.
Insbesondere für die Entwicklung der Seitengänge ist der Schritt die Gangart der Wahl und ihnen wird einiges an Platz eingeräumt.

Zudem werden in diesem Buch die Übergänge aus dem Schritt und in den Schritt beschrieben: Rückwärts-Vorwärts, Schritt-Trab, Schritt-Galopp, Trab-Schritt sowie Tempounterschiede innerhalb des Schritts bis hin zur Versammlung und dem Ausblick auf das Entwickeln der Piaffe aus dem versammelten Schritt.

Für viele Bereiche beim Reiten gilt:
Was im Schritt nicht funktioniert, funktioniert in den anderen Gangarten erst recht nicht!

Nachfolgend gebe ich einen Überblick über die wichtigsten Vorteile und die Hauptschwierigkeiten der Gangart sowie die gängigsten Fehler, die beim Schrittreiten gemacht werden. Die ›Schwunglosigkeit‹ der Gangart schlägt dabei sowohl auf der Vorteilsseite, als auch auf der Schwierigkeitsseite zu Buche.

Vorteile der Gangart

- Der Reiter hat genug Zeit, um alle Hilfen langsam und präzise zu geben und sich selbst zu ›sortieren‹.
- Das Pferd kann auf die Hilfen des Reiters sensibilisiert werden, so dass es auf treibende und verhaltende Impulse wirklich prompt reagiert. Gute Vorbereitung der Lektionen an der Hand ist möglich.
- Angstbewältigung kann ohne Stress für den Menschen in Angriff genommen werden.
- Gehorsam und Koordination können an der Hand und in langsamem Tempo unter dem Reiter im Schritt erarbeitet und gefestigt werden.
- Wegen der Schwunglosigkeit gibt es keine gravierenden Gleichgewichtsprobleme bei Pferd und Reiter.
- Schritt ist ideal, um den konzentrierten, aber leichten Kontakt zum Pferd herzustellen und das ›Kontakthalten‹ am Zügel und das ständige Wiederherstellen von Haltung zu üben.

Hauptschwierigkeiten der Gangart

- Schritt ist schwerer zu reiten, als mancher denkt, da der Schwung fehlt: Es geht beim aktivem Schritt-Reiten nicht um ein bequemes Sich-tragen-Lassen, sondern um konzentrierte Arbeit ›in Haltung‹ mit hohem Energielevel.
- Und diese geforderte Aktivität ist das Problem: Sie muss (langfristig) erarbeitet werden, ohne dass man von außen etwas davon sieht. Die Idee, das Pferd mit Schieben und Drücken in Bewegung setzen zu können funktioniert prinzipiell in keiner Gangart, aber im Schritt am allerschlechtesten.
- Es gibt Probleme mit Takt und Vorwärtstendenz durch zu viel Handeinwirkung: Es ist nicht möglich, das Pferd im Schritt in Haltung zu rei-

ten, in dem man vorne einfach die Hand hinstellt, gegenhält und wartet, dass sich das Pferd ›am Zügel abstößt‹ und im Genick nachgibt. Insbesondere, wenn nicht genug Vorwärtstendenz aus dem ›Hinterhand-Motor‹ vorhanden ist.

- Im Schritt ist es jedoch schwer, dem Pferd (als prinzipiellem Energiesparer) zu ›erklären‹, dass es mehr Energie zur Verfügung stellen soll, um in Haltung zu gehen. Wenn es jedoch nicht deutlich mehr Energie liefert, als für die reine Vorwärtsbewegung nötig ist, kann der Reiter keine Haltung herstellen: Wo nichts ist, kann man nichts (um-) lenken

Die Standardfehler

- Zu wenig Energie in der Bewegung, schleppende Bewegung, das Pferd schlurft vor sich hin und hängt auf der Schulter.
- Das Pferd rennt der Einwirkung des Reiters davon. Es ist zu eilig im Takt oder zeigt Taktverschiebung zum Pass (meist verursacht durch falsches Treiben).
- Das Pferd reagiert zäh oder gar nicht auf treibende und verhaltende Signale.
- Das Pferd weicht dem Zügelkontakt aus, unterbricht ihn aktiv oder wehrt sich dagegen: Der Hals wird nicht frei getragen (zu eng, zu tief, über, hinter, auf dem Zügel).

Die Kriterien für die korrekte Haltung gelten unabhängig von der Zäumung. Hier das Bosal aus der altkalifornischen Reitweise.

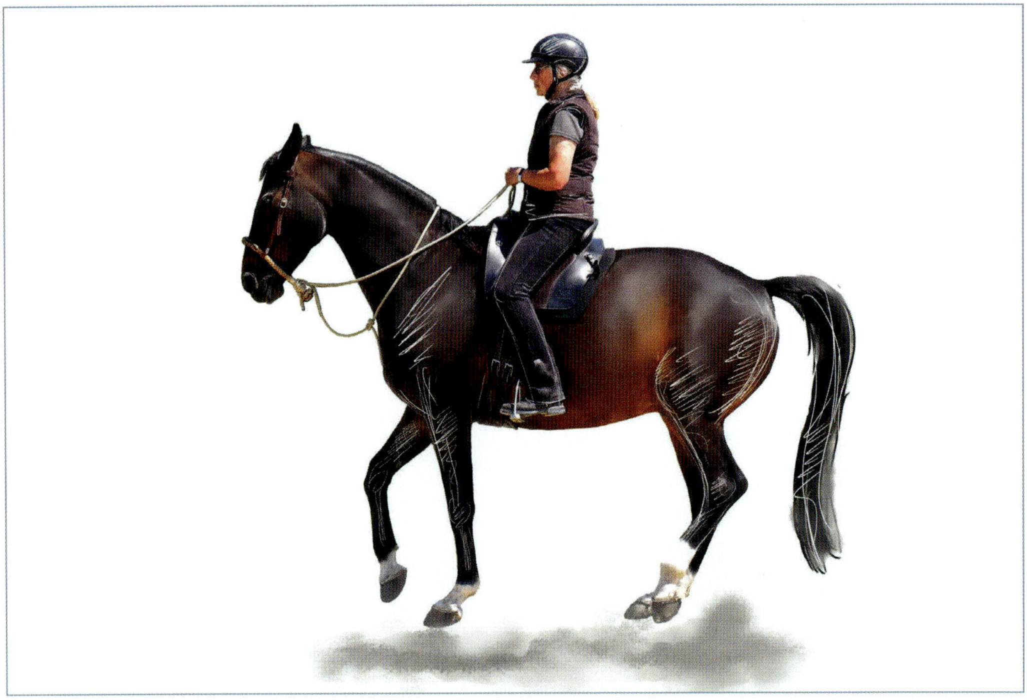

- Der Reiter will von vorne nach hinten (mit der Hand) Haltung herstellen, statt von hinten nach vorne.
- Starre Reiterhand, rückwärts ziehender innerer Zügel in Wendungen.
- Der Rücken überträgt die Energie nicht von hinten nach vorn, er ist fest oder hängt nach unten durch. Der Reiter blockiert die Energie durch die falschen Ideen des Schiebens mit dem Sitz (mit Kreuz treiben) oder durch falsche Ideen des Treibens (das Pferd ›anschieben‹ wollen, zu viel bzw. dauerhafte Einwirkung mit dem Bein).

Ein Wort zu Zäumung und Ausrüstung

Keep it simple.

Die beste Ausrüstung ist unser eigener Körper, wenn wir ihn denn wirklich beherrschen.

Für die **Sättel** gilt: Sie müssen Reiter und Pferd passen! Und das ist eine Wissenschaft für sich. Es gibt derart viele verschiedene Möglichkeiten, was sich störend auf Pferd oder Reiter auswirken kann, dass das hier auf jeden Fall zu weit führen würde. Ob western, englisch oder barock ist der Vorliebe des Reiters überlassen. Wichtig ist, dass der Schwerpunkt des Sattels in der Mitte liegt, dass Widerrist und Schulter des Pferdes nicht eingeengt werden, dass es keine Brückenbildung und Schaukelbewegung auf dem Pferderücken gibt und dass der Sattel dem Reiter ein Sitzen im Gleichgewicht mit Bewegungsfreiheit ermöglicht. Viele günstige baumlose Sättel z.B. sind dem Pferd recht angenehm, setzen aber den Reiter in den Stuhlsitz, was in der Folge eine gezielte Einwirkung über die Beckenstellung extrem erschwert, weil der Reiter immer gegen die Vorgaben des Sattels arbeiten muss.

Bei der **Zäumung** empfehle ich als Standard eine einfache Wassertrense mit doppelt gebrochenem Gebiss (Knebeltrensen sind recht gut, weil man sie dem Pferd nicht so leicht seitlich durchs Maul ziehen kann).

Pferde, die aus verschiedensten Gründen sauer im Maul sind, reagieren oft (aber nicht immer) sehr positiv auf milde gebisslose Zäumungen wie Bosal, Sidepull oder Glücksrad (LG-Zaum). Die Richtlinien für eine gesunde Haltung gelten dabei jedoch in gleicher Weise wie bei der Arbeit mit Gebiss. Und der Umgang mit diesen Zäumungen erfordert Disziplin und Konsequenz vom Reiter. Vor allem dürfen sie nie mit dauerhaftem Zug, sondern nur mit Impulsen eingesetzt werden. Ein Pferd allein über **gebisslose Zäumungen** in Haltung zu reiten ist deutlich schwerer, aber durchaus möglich, wenn man eine klare Zielvorstellung hat und rechtzeitig loslassen kann.

Die Haltung des Pferdes im Schritt

Die Ausbildungsskala als grobe Richtlinie

Für das Pferd gelten grundsätzlich die Prinzipien der Ausbildungsskala hinsichtlich Gleichgewicht, Haltung, Takt, Geraderichten, Losgelassenheit und Durchlässigkeit. Den Begriff Anlehnung benutze ich nicht so gerne, weil der bisweilen mit viel Zug am Zügel übersetzt wird. Ich benutze lieber den Begriff ›Kontakt zum Pferdemaul‹ – genau so viel, dass der Reiter den Zustand des Pferde-Genicks beurteilen und bei Bedarf mit einem leichten Zü-

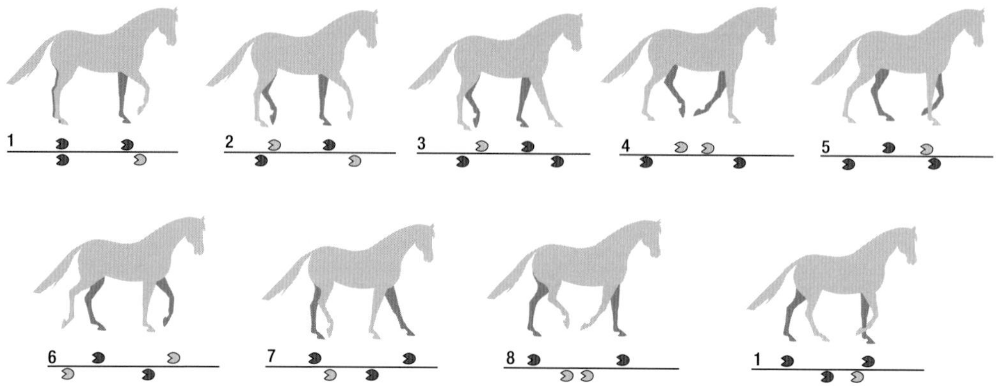

Der Takt im Schritt: ein klarer Viertakt, bei dem immer mindestens zwei Beine am Boden sind. Die dunklen Hufspuren zeigen die Hufe, die sich gerade am Boden befinden.

gelimpuls präzise eingreifen kann. Guten Kontakt kann man auch am relativ losen Zügel halten, wenn man das Pferd fein an den Hilfen hat. Dazu reicht dann das Zügelgewicht.

Takt

Taktfehler deuten meist auf Probleme mit der Balance, der Losgelassenheit, dem Geraderichten oder auf Rückenprobleme hin. Viele Taktprobleme des Pferdes entstehen durch schief sitzende oder verspannte Reiter und durch zu viel Handeinwirkung (bis hin zur Zügellahmheit).

Für den Takt gilt: eher langsamer als eiliger. Langsam reiten mit hoher Energie ist gefragt sowie Lastaufnahme auf dem jeweils tragenden Hinterbein. Das Pferd soll nicht nervös trippeln, darf aber auch nicht durch den Sand schlurfen.

Schwung, Kraftentwicklung und Geraderichten

Der Schwung, d.h. das kraftvolle, federnde Abfußen des Pferdes von hinten sowie Kraft und Beugefähigkeit in den Gelenken der Hinterhand wird sowohl für Verstärkungen als auch für die Versammlung gebraucht. Im Schritt selbst haben wir grundsätzlich keinen Schwung. Genau dies macht es schwierig, ihn mit Energie aufzuladen. Andererseits ist es im Schritt einfacher, sich selbst und das Pferd zu ›sortieren‹ und Bewegungsabläufe in der Langsamkeit zu erarbeiten. Übergänge und Seitengänge helfen dabei, die Gelenke in den Hinterbeinen zu beugen und die nötige Kraft zu entwickeln.

Das Pferd muss das jeweils Last aufnehmende Hinterbein stärker beugen. Kann es beide Hinterbeine gleich gut beugen, so kann es auch wirklich geradeaus laufen, ohne zu schwanken (es ist geradegerichtet).

Balance, Stabilität, Losgelassenheit und Durchlässigkeit

Stabilität ergibt sich aus gutem Gleichgewicht

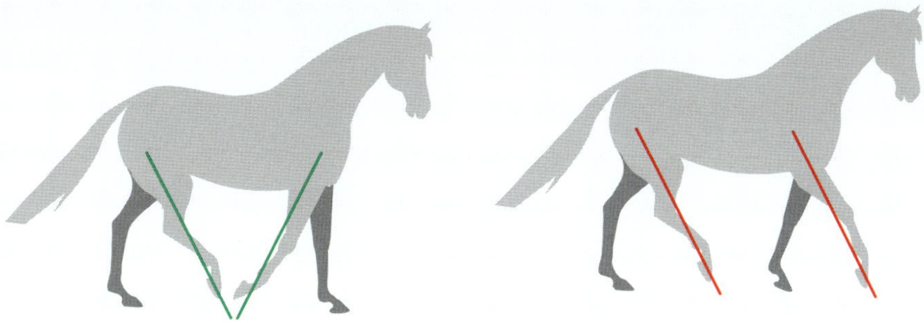

Einer der häufigsten Fehler im Schritt ist die Takt-Verschiebung zum Pass. Links sieht man den korrekten Schritt mit einem V bei den gleichseitigen Gliedmaßen, rechts die falsche Passverschiebung mit einem gleichzeitigen Vortreten der gleichseitigen Gliedmaßen.

(freier Balance ohne verspannte Anteile) und der richtigen Körperspannnung im Rumpf.
Losgelassenheit bezieht sich im Wesentlichen auf die Gelenke und auf eine rhythmische Wechselspannung in den Bewegungsmuskeln.
Die Losgelassenheit ergibt sich aus der Balance und der korrekten Gymnastizierung des Pferdes über Biegung. Nur das losgelassene Pferd und der losgelassene Reiter können Durchlässigkeit im System erreichen.
Beim Schrittreiten geradeaus ist das Thema ›Angst vor Gleichgewichtsverlust‹ noch nicht so bedeutend wie im Trab oder in der instabilsten Gangart Galopp, denn hier haben weder Reiter noch Pferd ein grundsätzliches Balanceproblem. Trotzdem ist Geradeausreiten durchaus oft ein Problem, wenn die ›Idee‹ des Reiters und die Rückentätigkeit des Pferdes nicht stimmen. Die Hauptschwierigkeiten beginnen jedoch bei der Biegung (Wendungen und Seitengänge) und bei den Übergängen. Deswegen werden diese beiden Themenbereiche ausführlich behandelt.

Gleichgewicht, Stabilität und Losgelassenheit

Lerninhalt 1: Gleichgewicht des Pferdes unter dem Reitergewicht erreichen

Der Hals als Balancierstange · Stabilität ohne Verspannung

Freie Balance

Die für die Elastizität einer Bewegung notwendige ›freie Balance‹ des Pferdes muss sich ohne dauerhaft haltende Hilfen entwickeln. Das heißt, das Pferd darf keine Gelegenheit bekommen, sich auf dem Zügel abzustützen. Und der Reiter muss lernen, ohne straffen Zügel auszukommen und selbst ausbalanciert in der Balance zu sitzen – was im Schritt natürlich deutlich einfacher ist als im Trab oder Galopp.
Freie Balance schont Kräfte, verbessert das Körpergefühl, sorgt für ›Ökonomie‹ in der Bewegung und verhindert Verschleiß. Die entstehende **Bewegungsvielfalt** führt zu verbesserter Koordi-

nation. (Das gilt für Pferd und Reiter gleichermaßen)

In manchen Ausbildungssystemen wird ein insgesamt erhöhter Muskeltonus erzeugt, weil das Pferd mit horizontal-schiebenden Kräften (Schubkraft) gegen eine durchhaltende Hand arbeitet. In der Bewegungsmuskulatur entstehen dadurch falsche isometrische (= dauergespannte) Anteile.

Die gängige Definition des ›Spannungsbogens‹ ist die des ›Einspannens‹ des Pferdes zwischen treibenden und verhaltenden Hilfen. Das Pferd wird dabei künstlich gespannt und zusammengehalten. Durch diese unnötig erhöhte Muskelspannung wird jedoch die Bewegungsvielfalt eingeschränkt.

Eine solche Methode funktioniert im schwungvollen Trab und Galopp noch halbwegs (auch wenn sie Kräfte verschleißend ist), im schwunglosen Schritt jedoch denkbar schlecht.

Meine Definition eines funktionellen Spannungsbogens hält sich eher an die Richtlinien der Arbeitsreitweisen, die sich ›Energievergeudung‹ nicht leisten können: Das Pferd hält seine Körperspannung von allein, ohne ständiges Eingreifen des Reiters. Häufige Übergänge ohne durchhaltende Zügeleinwirkung und verschiedene ›Aufgaben‹ (Trailübungen, Stangenarbeit, Seitengänge) zwingen das Pferd dazu, sich immer wieder neu selbst auszubalancieren. Es bleibt aufmerksam und nimmt von allein eine zweckmäßige Haltung ein.

Ganz wichtig: Lassen Sie dem Pferd den Hals als Balancierstange frei und pressen es nicht in eine Zwangshaltung.

Lerninhalt 2: Ohne Energie keine Haltung!

Energie ins System bringen. Aktives Vortreten auf Kommando. Aktivierung der Hinterhand. Prompte Befolgung von vorwärts treibenden Hilfen.

Impulsion und Energie

In der Ausbildung geht es darum, ›Impulsion‹ zu erzeugen. Impulsion bedeutet die willige Bereitschaft des Pferdes, auf feine Hilfen prompt zu

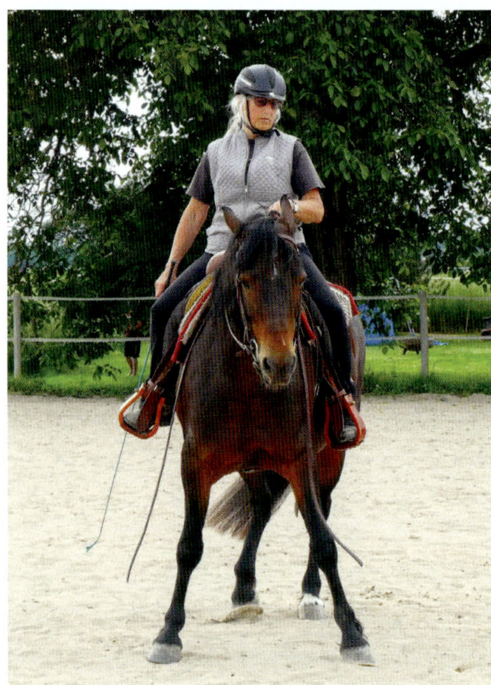

Connemarastute Lady hat ein ›Grundproblem‹ im Genick. Schaut man von vorne, so sieht man, dass beide Ohren nach rechts zeigen. Trotzdem ist sie in der Lage, eine Hinterhandwendung nach links mit korrekter Stellung und Biegung auszuführen, ohne sich zu verwerfen – weil sie den Hals frei hat und sich ohne Zwang selbst ausbalancieren darf.

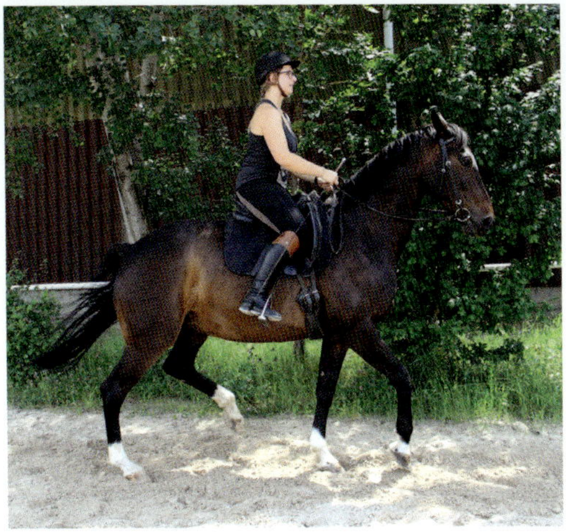
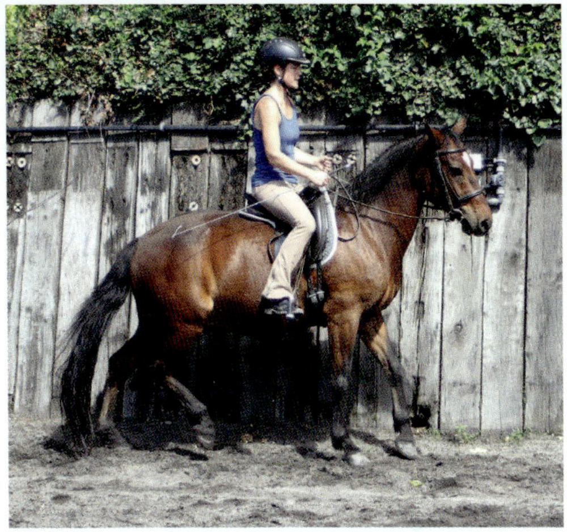

Impulsion herzustellen, wie auf diesen beiden Bildern beim Antraben aus dem Rückwärtsrichten, ist bei der Schrittarbeit ungleich schwerer. Rückwärts-Vorwärts-Übergänge (Rückwärts-Schritt-Rückwärts) können die Aufgabe teilweise übernehmen.

reagieren und Energie zur Verfügung zu stellen. Allein damit wird es möglich, die ›Komfortzone‹ in der Bewegung zu verlassen. Nur mit genug Energie kann eine aufmerksame und reaktionsbereite ›Arbeitshaltung‹ erzeugt werden. Ein energieloses, träges, auf der Vorhand schlurfendes Pferd gibt uns keine Möglichkeit fein einzuwirken. Es bremst uns regelrecht aus.

Reagiert das Pferd auf einen treibenden bzw. bremsenden Impuls sofort, akzeptiert es die Führung durch den Menschen. Zähe Reaktionen zeigen unter anderem auch, dass die Beziehung nicht vollständig geklärt ist. Oder dass der Mensch zu zaghaft bzw. unklar ist mit seinen Anweisungen. Das Pferd drückt sich vor anstrengender Arbeit, weil es ihn nicht als weisungsbefugt anerkennt.

Im Schritt ist es viel schwieriger, Impulsion herzustellen und das Gesamtsystem Reiter-plus-Pferd mit Energie aufzuladen, als in den schwungvollen Gangarten Galopp und Trab. Rückwärts-Vorwärts-Übergänge und Seitengänge helfen dabei, das Pferd auf die Hilfen zu sensibilisieren.

Lerninhalt 3: Der Rücken als Energieüberträger – Stabilität und Losgelassenheit

Den Rücken stabil und nach oben bekommen, so dass er die Energie ungehindert von hinten nach vorne übertragen kann. Losgelassenheit in den Gelenken und im Genick erreichen.

Folgende Punkte sind wichtig:

Bringen Sie ›Aufwärtstendenz‹ in die Bewegung. Die Idee ist, das Pferd ›vor sich‹ zu bekommen. Dazu soll das Pferd immer ein wenig mehr Energie (= Vorwärts) anbieten, als der Reiter brauchen kann. Mit der Kontrolle (Umlenkung) dieser Energie wird dann Haltung hergestellt.

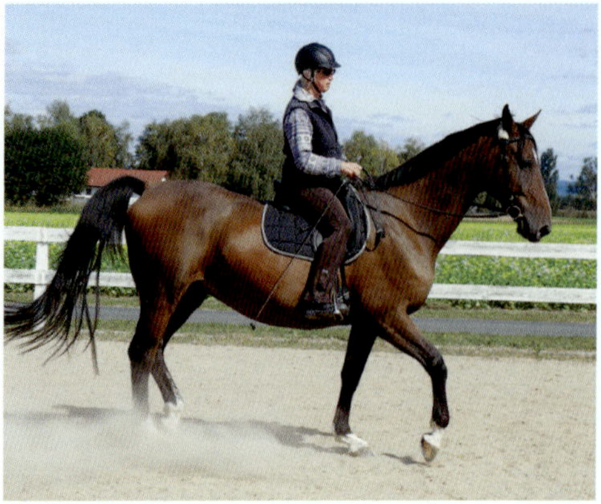

Haltungskontrolle: Aus dieser dysfunlktionalen Haltung mit hoher Kruppe, steifen Hinterbeinen, Hohlkreuz und heruntergedrückter Schulter muss der Reiter das Pferd herausholen.

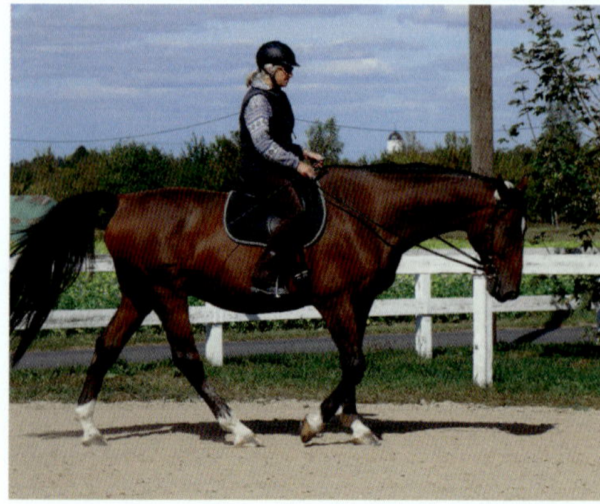

Das gleiche Pferd in sehr viel besserer Haltung mit gedehnter Oberlinie, angehobenem (und damit tragfähigem) Rücken entspanntem Hals und besserem Vortreten der Hinterbeine. Diese Haltung ist jedoch keine auf Dauer geeignete Arbeitshaltung, sondern dient erst einmal zur Entspannung.

Im Allgemeinen gilt die Dehnungshaltung als Garant für die Stabilisierung des Rückens. Wo diese ihre funktionellen Grenzen hat, wird in den späteren Kapiteln beschrieben. Auch in der Dehnungshaltung muss das Pferd nämlich (Selbst-)Haltung bewahren. Und ›Dehnungshaltung‹ bedeutet nicht ›auf der Vorhand schlurfen‹. Die angehobene Schulter sowie ein frei getragener Hals mit beweglichem Genick und Losgelassenheit in allen Gelenken sind auch im Schritt Kriterium einer korrekten Haltung, dort aber eher schwer zu erreichen. Das Pferd soll bei guter Selbsthaltung den Kontakt zur Reiterhand suchen und nicht einfach ›den Hals hinstellen‹. Kann der Reiter das Pferd dazu bringen, die Halshaltung zu variieren, ohne dass es Takt und Vorwärtstendenz verliert, ist das ein Zeichen dafür, dass der Rücken richtig arbeitet.

Lerninhalt 4: Bremse und Gas installieren Haltungs- und Richtungskontrolle Geraderichten

Über Tempo- und Richtungsänderungen wird schließlich die Haltung des Pferdes sowie das Geraderichten mit Rechts-Links-Balance und die Verbesserung der ›Vertikalen Balance‹ erarbeitet.

Die Themen Übergänge und gebogene Linien sowie Seitengänge mit den wichtigen Punkten Genickkontrolle (Genick nachgiebig) und Schulterkontrolle (Schulter oben behalten), Energie umlenken (Schubkraft in Tragkraft umwandeln), Kraftentwicklung und Geschmeidigkeit, feine Reaktion auf verhaltende Hilfen und Anhaltereflexe werden in den Kapiteln Übergänge und Paraden sowie Seitengänge behandelt.

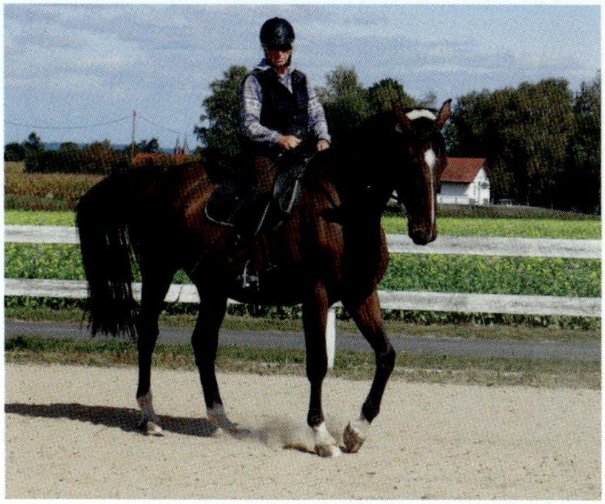

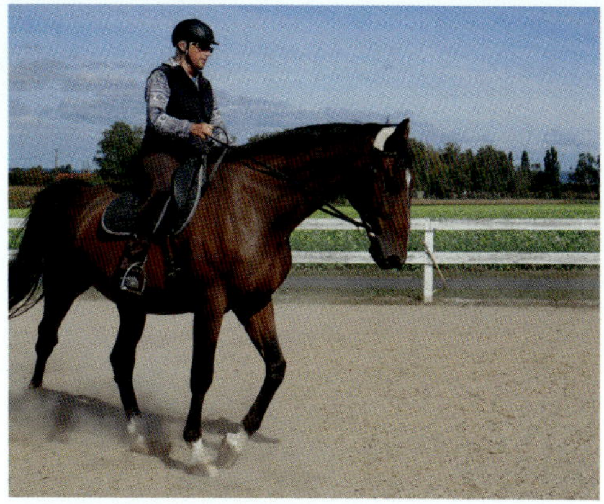

Durch viele Wendungen mit guter Kontrolle am äußeren Zügel wird die entspannte Haltung zugunsten einer Aktivitätshaltung verändert. Wichtig ist dabei, das Pferd nicht mit Zwangsmitteln in eine Haltung zu pressen, sondern ihm immer wieder die Möglichkeit zu geben, seine zweckmäßige Haltung selbst zu finden. Dazu muss der Reiter vor allem auf die Energieentwicklung achten und das Pferd immer wieder zum Bereitstellen von Energie (Impulsion) auffordern. Andernfalls ist keine korrekte Haltung möglich.

Die Ausbildungsskala gilt auch für den Reiter

Er muss die gleichen Dinge lernen und entwickeln wie das Pferd, denn Blockaden und Asymmetrien des Reiters schlagen sofort aufs Pferd durch. Um das Pferd auszubilden braucht er also Taktgefühl, Losgelassenheit in den Gelenken, muss seine eigenen Schiefen und Asymmetrien in den Griff bekommen (Geraderichten), muss Körperspannung halten und Energie richten können (Schwung), Kontakt zum Pferdemaul herstellen (Anlehnung), Energie und Bewegung durchlassen (Durchlässigkeit) und konzentrierte Aufmerksamkeit auf die Interaktion mit dem Pferd richten (sich sammeln/konzentrieren – und nichts anderes ist Versammlung).

Und weil der Reiter diese Fähigkeiten zuerst braucht, um das Pferd positiv zu beeinflussen und eine Idee zu haben, wo er hin will mit seiner Reiterei, beginnen wir mit den Ideen zu Haltung und Reittechnik beim Reiter und widmen uns danach den Haltungskriterien fürs Pferd und den gerittenen Lektionen.

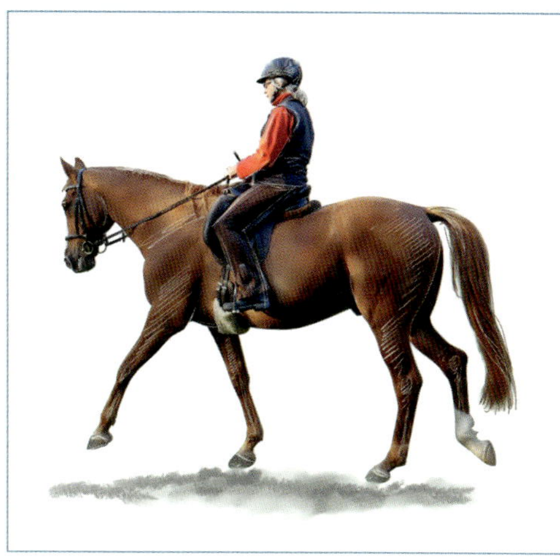

Entspannt vorwärts ›über den Rücken‹ im Schritt. Diese Haltung ist wenig anstrengend fürs Pferd. Für konzentrierte Arbeit sollte die Schulter noch etwas angehoben werden.

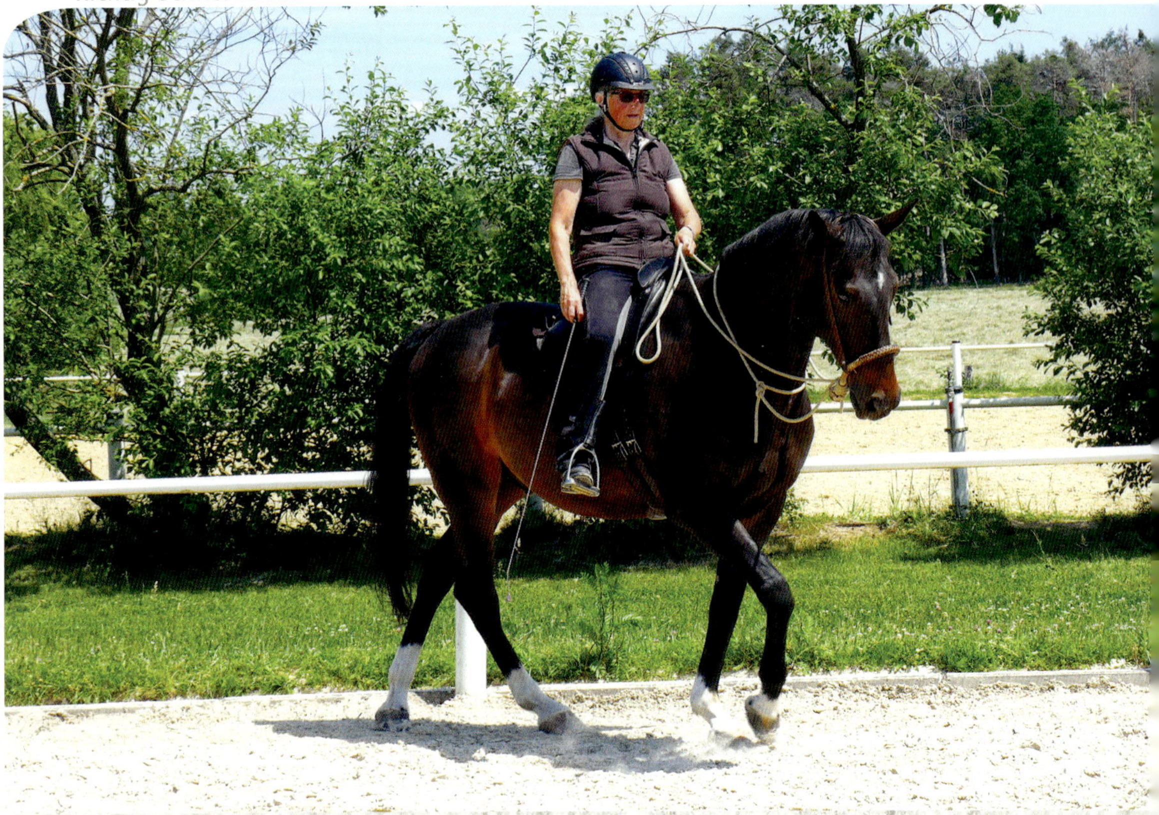

Reittechnik und Vorstellungskraft

Körperliche, mentale und emotionale Anteile des Reitens

Der körperliche Aspekt – die Haltung des Reiters im Schritt

Der Sitz im Gleichgewicht · Form Follows Function

Der Reiter soll seine Körperteile über die ›klassische Gerade‹ übereinander ausbalancieren: Schultern–Hüfte–Absatz liegen auf einer senkrechten Linie.

Das ist kein Formalismus, sondern hat den Sinn, dass nur in dieser Haltung das Becken senkrecht steht (und damit die ungehinderte Rückenbewegung des Pferdes sowie gezielte Einwirkung des Reiters aus der Mitte heraus zulässt). Und dass der Reiter seine Peripherie (Arme und Beine) nicht zum Festhalten oder Balance-Halten missbraucht. Im Schritt ist letzteres noch kein so wichtiges Thema wie im Trab oder Galopp, aber es ist notwendig, im Schritt das Gespür für die richtige, senkrechte Beckenstellung zu entwickeln, um es später im Trab wieder abrufen zu können.

Stabilität und Losgelassenheit

Das Becken als universeller Bewegungsumwandler (die Durchlässigkeit des Reiters)

Bewegung kann man nicht festhalten. Und der Reiter sollte sie nicht blockieren, wenn er will, dass sich das Pferd frei unter ihm bewegt. Deswegen sind freie Beckenbeweglichkeit und losgelassene Gelenke beim Reiter so wichtig: Nur bei einem losgelassenen Sitz steht das Becken senkrecht und lässt Bewegung durch. Es fungiert als Bewegungsumwandler und Puffer für alle aus dem Pferderücken ankommenden Bewegungsimpulse. Nur mit einem freien Becken kann die Hand unabhängig und ›ruhig‹ getragen werden, können die Beine frei hängen und können gezielte Hilfenimpulse mit Bein oder Zügel gegeben werden.

Allerdings ist ausreichende Körperspannung nötig, um den Reiterkörper stabil zu halten. Diese wird über das Aufrichten im Oberkörper hergestellt. Die richtige Aufrichtung ist immer die, bei der der Oberkörper auf allen Seiten gleich lang ist und die Gesäßknochen gefühlt senkrecht nach unten zeigen. Ein frei getragener Kopf rundet den funktional richtigen Sitz ab und ist neben der Ausrichtung des Beckens wichtiger Bestandteil der Lenkung des Pferdes.

Wichtig: Richtige Körperspannung lässt Bewegung zu, Verspannung blockiert Bewegung

Die Richtlinien in Kürze –

in den späteren Abschnitten kommen wir immer wieder darauf zurück:

- Aufgerichteter stabiler Oberkörper (alle Seiten gleich lang).
- Frei getragener, beweglicher Kopf > Blickrichtung.
- Senkrecht stehendes bewegliches Becken.
- Hängendes Bein, kein Druck im Bügel, Absatz nicht aktiv herunterdrücken, der Bügel wird durch die Schwere des Beins gehalten, nicht durch Hereintreten mit dem Ballen.
- hängender Oberarm, frei getragene Hand.

Um sich keine einzelnen Sitzanweisungen merken zu müssen, kann man die Grundideen auch ›in einem Aufwasch‹ über **Muskelketten im Arm und Bein** mental abrufen.

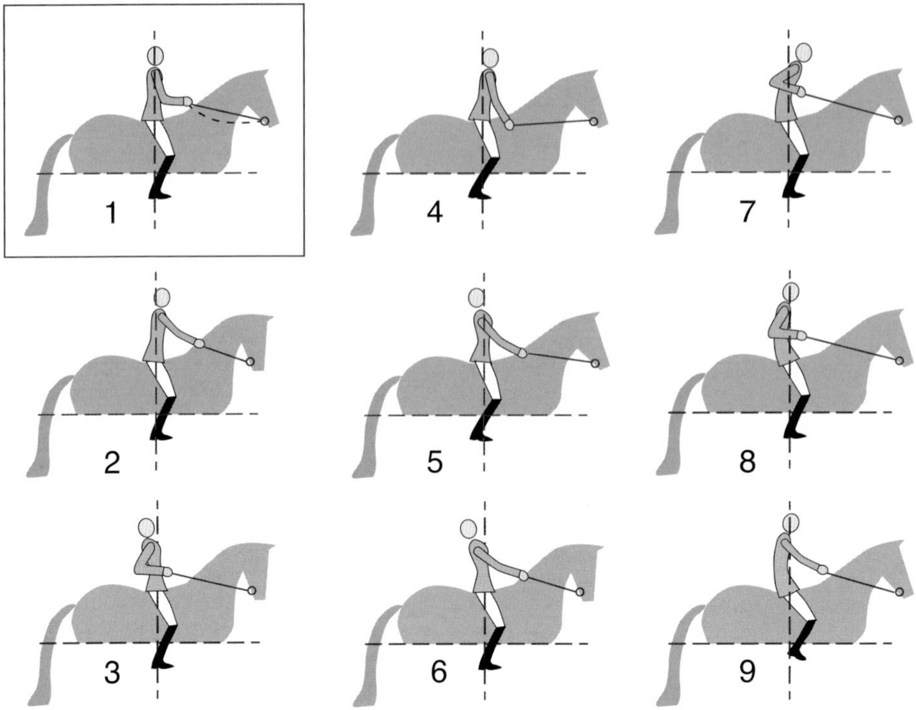

Die Begriffe Streck- und Beugemuster sowie Muskelketten in Arm und Bein sind da hilfreich.

Sorgen Sie dafür, dass Sie mit Ihrem Sitz ins Streckmuster kommen

Das richtige Streckmuster (hier mit rotem Rahmen) sorgt für eine senkrechte (neutrale) Beckenstellung, die Bewegung durchlässt: Der Oberkörper ist korrekt aufgerichtet und dabei stabil und geschlossen (kompakt) · die Oberarme hängen senkrecht nach unten · die Ellbogen sind locker am Körper · die Achselhöhlen sind hinten geschlossen · die Hände werden aufrecht getragen · Knie und Absätze sind entspannt.
Falsches Überstrecken (Bilder 2–6) bringt den Reiter ins Hohlkreuz und kippt den Beckenkamm nach vorn: Hier gibt es sehr viele verschiedene Ausprägungen. Befolgt der Reiter die Anweisung ›Schulterblätter zusammen‹, überstreckt er meistens schon. Deswegen bevorzuge ich die Anweisung ›Achselhöhlen hinten schließen‹.
Das falsche Beugemuster kippt den Beckenkamm nach hinten (Bilder 7–9): Der Reiter ist zusammengekrümmt und im Bauch zusammengefallen · die Schulten fallen nach vorne · die Ellbogen sind abgespreizt · der Handrücken ist nach oben gedreht · der Kopf hängt · Knie und Absätze sind hochgezogen.

Für die richtige Handhaltung/Zügelführung ist die Vorstellung hilfreich, den gesamten Arm in die **Außenrotation** zu drehen und die Achselhöhlen

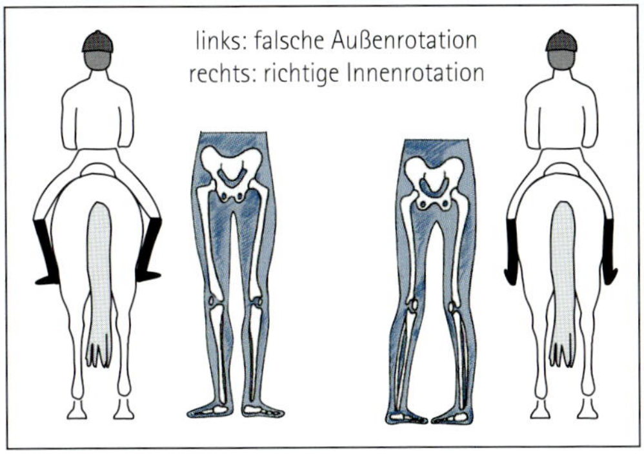

hinten zu schließen. Für ein locker hängendes und trotzdem ›stabiles‹ Bein kann die Idee der **Innenrotation** im Bein helfen: Das gesamte Bein aus der Hüfte eindrehen, oder auch den Absatz vom Pferdebauch wegdrehen. Keinesfalls darf vermehrter Druck mit dem Ballen in den Bügel gegeben oder der Absatz aktiv heruntergedrückt werden. Das blockiert die Gelenke im Bein und in der Folge das Becken.

Muskelketten im Bein

Richtige Innenrotation im Bein

Innenrotation im Bein führt zum richtigen Streckmuster und gibt Stabilität. Durch Eindrehen des gesamten Beines aus dem Hüftgelenk wird der Oberschenkel isometrisch gespannt, ohne Knie und Fußgelenk zu blockieren. (Man kann von der Idee her auch den Absatz vom Pferd wegdrehen, statt das Bein aus der Hüfte einzudrehen, das hat die gleiche Wirkung auf die Muskelkette). Diese Oberschenkel-Spannung nimmt Druck vom Pferderücken weg. Der Fuß dreht sich parallel zum Pferd, die Wade liegt flach am Pferdebauch, die Knie sind weich am Sattel, ohne zu klemmen. Das erhöht die Stabilität, ohne das Becken zu blockieren. Die Sitzbasis verbreitert sich, d.h. die Gesäßknochen stehen weiter auseinander.

Falsche Außenrotation im Bein

Außenrotation im Bein führt zum falschen Beugemuster und macht den Sitz instabil.
Die Beine werden aus der Hüfte ausgedreht.
Die Gesäßknochen stehen enger zusammen, die Sitzbasis verkleinert sich.
Die Knie sind ›offen‹ (= auswärts gedreht).
Der Absatz dreht sich zum Pferd, die Fußspitze nach außen. Absätze und Knie sind meist hochgezogen, auf jeden Fall aber unbeweglich und können nicht federn. Die Unterschenkel klemmen.

Muskelketten im Arm

Richtige Außenrotation im Arm

Außenrotation im Arm führt zum richtigen Streckmuster und gibt Stabilität. Richtigerweise fühlt der Reiter etwas Spannung auf dem Brustbein. Ziel ist die Aufrichtung im Oberkörper, ohne ins Hohlkreuz zu fallen.
Im Einzelnen: Die Gesäßknochen zeigen nach unten, der Beckenkamm steht senkrecht · Die Achselhöhlen sind hinten geschlossen · Der Oberkörper ist aufgerichtet und kastenförmig (alle Seiten gleich lang) · Die Ellbogen kommen an den Körper und sind gewinkelt · Schultern und Oberarme ›fallen‹ nach unten · Die Hände stehen höher und weiter (auf Hüftbreite) · Die Handgelenke sind gerade · Die Daumen liegen dachförmig oben auf dem Zügel.

Falsche Innenrotation im Arm

Innenrotation im Arm führt zum falschen Beugemuster und macht den Sitz instabil.
Im Einzelnen: Die Gesäßknochen zeigen nach

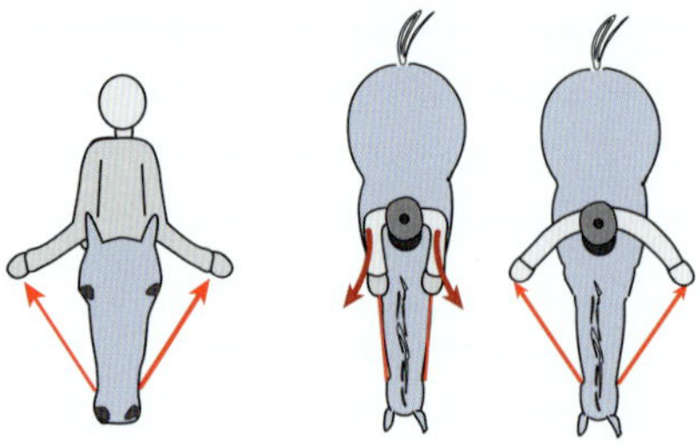

Richtige Außenrotation im Arm und richtiges seitwärts Führen / Auseinanderziehen der Hand.

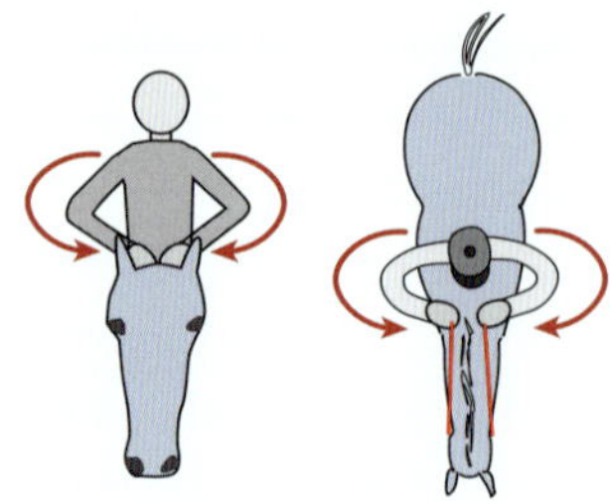

Falsche Innenrotation im Arm.

vorn, der Beckenkamm ist nach hinten gekippt. Die Schultern fallen nach vorn. Die Ellbogen sind abgespreizt. Die Handrücken zeigen nach oben. Die Handgelenke sind einwärts gedreht. Die Daumen sind dabei manchmal durchgestreckt.

Die richtige Bügellänge

Die Länge der Bügel hat entscheidenden Einfluss auf den korrekten Sitz – vor allem auf die Beckenstellung.
Der zu lange Bügel bringt den Reiter dazu, den Absatz hochzuziehen und durch Druck mit dem Ballen den Bügel ›festzuhalten‹. Er fällt in den Spaltsitz oder streckt die Beine gerade nach vorn. Beides blockiert die Beckenbeweglichkeit.
Der zu kurze Bügel verleitet den Reiter dazu, sich mit Druck im Bügel abzustützen und sich so aus dem Sitz zu hebeln. Oft werden die Knie hochgezogen und der Reiter fällt in den Stuhlsitz mit nach hinten gekipptem, unbeweglichem Becken.

Wenn der Reiter das Gefühl hat, dass seine Bügel unterschiedlich lang sind, obwohl sie optisch gleich sind, sitzt er im Allgemeinen schief: Eine Lösung des Problems muss über das Geraderichten des Reiters aus der Mitte erfolgen, indem er seine eingeknickte Seite mit Energie füllt.

Ohne Bügel reiten und wofür es gut ist

Im Schritt macht es Sinn, immer wieder auf den Bügel zu verzichten und das Bein frei hängen zu lassen. Damit verhindert man, dass der Reiter aktiv in den Bügel hineintritt.

Schrittarbeit im Seitwärts mit Reitpad: mit korrekter Körperspannung und Haltung; die Fußspitzen sind etwas angehoben.

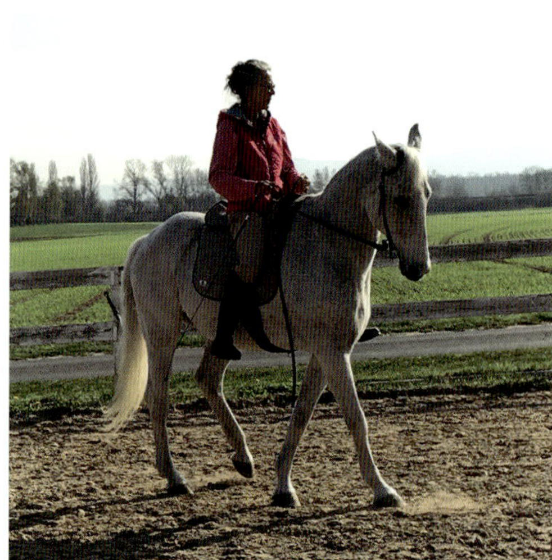

Um etwas Stabilität in das hängende Bein zu bekommen, kann der Reiter die Fußspitze anheben. Bitte nicht den Absatz herunterdrücken, weil diese Idee eine andere (unerwünschte) Art der Spannung im Bein erzeugt.

Ohne Sattel reiten

Für die Entwicklung des Gleichgewichts und das Erspüren der optimalen Sitzposition im Schritt ist es bisweilen sinnvoll, ohne Sattel zu reiten. Ohne Sattel bzw. Polsterung besteht jedoch immer die Gefahr, dass die Gesäßknochen punktuell auf den Pferderücken drücken und der Reiter mit Rundrücken sitzt und das Becken kippt, um dies zu verhindern. Verschiedene Arten von Reitpads verhindern diesen punktuellen Druck. Aber auch hier gibt es unzählige Modelle mit Vor- und Nachteilen, die jeweils für jede Reiter-Pferd-Kombination ausgetestet werden müssen.

Einwirkung und Hilfengebung Zusammenspiel der Hilfen ›An den Hilfen‹

In den folgenden Abschnitten möchte ich verbreitete Ideen, Begriffe, Gepflogenheiten, Missverständnisse und Halbwahrheiten darstellen – ihre häufig negativen Auswirkungen beschreiben, Denkanstöße geben und Alternativen anbieten.

An den Hilfen im Schritt

Das Pferd steht immer dann an den Hilfen, wenn es die Aufmerksamkeit beim Reiter lässt und reaktionsbereit ist. Es ist keinesfalls nötig, ständig treibend und verhaltend einzuwirken. Diese Fehlinterpretation des ›an den Hilfen‹ beschert uns immer noch Legionen von verspannten Reitern und Pferden. Vor allem im schwunglosen Schritt sieht das schnell nach unelegantem Geschiebe und Gewürge mit drückendem Reiterbein und viel Oberkörperaktion aus.

Das Thema ›an den Hilfen‹ ist zum großen Teil eine mentale Angelegenheit und spielt sich eher in den Köpfen von Mensch und Pferd ab, als auf der körperlichen Ebene.
Damit das Pferd aufmerksam an den Hilfen stehen kann, müssen drei wesentliche Forderungen erfüllt sein.

1. Beide Partner müssen sich aufeinander konzentrieren und aufmerksam auf die Signale und ›Antworten‹ des anderen achten. Sie müssen – freiwillig und ohne dauerhaften Zwang – Kontakt zueinander halten.
2. Das Pferd darf weder gegen die Reiterhilfen ankämpfen, noch sie einfach ignorieren. Beides passiert, wenn der Reiter auch dann nicht mit den Hilfen aufhört, wenn das Pferd schon ›Kooperation‹ signalisiert hat. D.h. wenn er das System unter dauerhafter Hochspannung hält bzw. das Pferd mit ›Dauergeschwätz‹ dazu bringt, die Hilfen als bedeutungslos einzustufen. Ständiges Treiben und ›mechanisch‹ gegebene halbe Paraden alle 2–3 Tritte ohne Intention, was damit gerade bewirkt werden soll, sind deswegen der Untergang des feinen Reitens. Sie stumpfen das Pferd ab, statt es aufmerksam (an den Hilfen) zu halten.
3. Der Reiter muss eine – vom Pferd erfüllbare – Forderung mit aller Konsequenz durchsetzen.

Dafür muss er die richtige Vorstellung von der Ausführung im Kopf haben. Halbherzige Aktionen des Reiters im Sinne von ›Ich kann's ja mal versuchen‹ bedeuten ›ständiges Herumdiskutieren‹ mit dem Pferd. Klare Ansagen sind nötig.

Das minimalistische Prinzip

Die besten Hilfen sind solche in homöopathischer Dosierung. Man gibt dem Pferd eine Information und etwas Reaktionszeit, um zu sehen, was es mit dieser Information anfängt. Reagiert es nicht, versucht man es noch einmal und setzt Verstärker (Stimme oder Gerte) ein.

Mit Verstärkern ist nie eine Verstärkung des Krafteinsatzes mit Bein oder Arm gemeint. Grundidee ist: Das Pferd bewegt den Reiter, nicht umgekehrt.

Der Reiter muss sich vom Pferd mitbewegen lassen. Er darf keinesfalls versuchen, das Pferd zu bewegen. Es gilt das Prinzip: Stillsitzen und Bewegung zulassen.

Still sitzen ≠ Tragen lassen

Still sitzen bedeutet nicht, sich einfach tragen zu lassen. Wir brauchen eine Intention, was wir im Schritt erreichen wollen. Und wir brauchen Energie vom Pferd. Andernfalls ist es nicht in Haltung zu bringen und nicht gut lenkbar. Das erreichen wir, indem wir mit hoher Körperspannung und senkrechtem Becken sitzen und Energie aus der Mitte ›richten‹ – nach vorne, nach oben oder zur Seite.

Vorwärts treiben – Impuls statt Druck

Die prompte Reaktion auf eine treibende Hilfe ist

Still sitzen mit Energie und gutem Kontakt zum Pferd: mit hoher Körperspannung, Aufmerksamkeit und Achtsamkeit, aber mit losgelassenen Gelenken in Arm und Bein. Das gilt für alle Reitweisen.

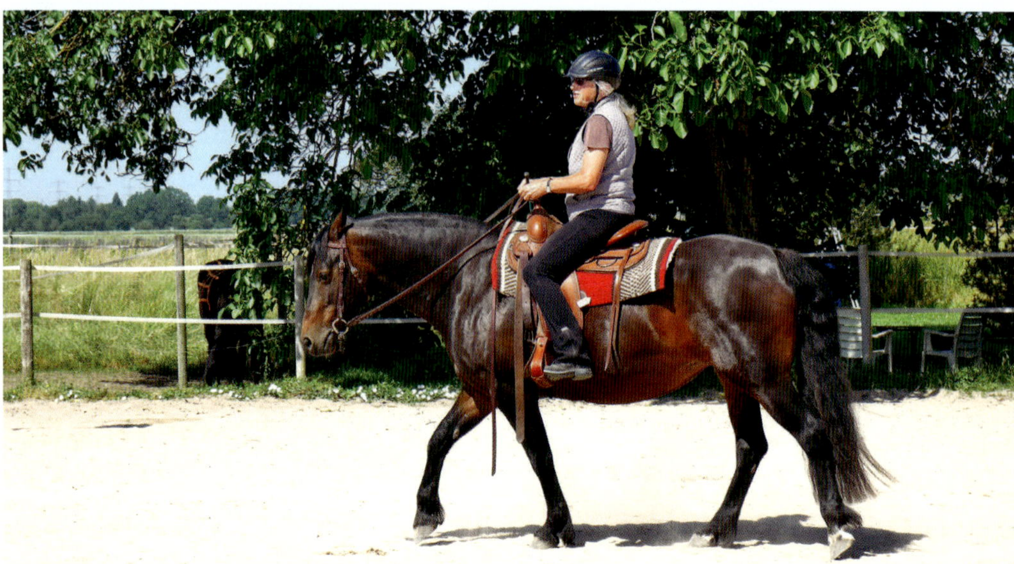

neben der sicheren Reaktion auf die verhaltende Hilfe die wichtigste Voraussetzung für gute Kontrolle und funktionelle Haltung des Pferdes. Nur Pferde, die auf einen leichten Vorwärtsimpuls sofort reagieren, können elegant mit feinen Signalen geritten werden. Im schwunglosen Schritt ist es allerdings oft schwierig, mehr Energie vom Pferd zu erhalten.
Dazu kommt, dass viele Reiter aus biomechanischer und logischer Sicht falsch treiben (was sich im Schritt besonders deutlich bemerkbar macht und in den höheren Gangarten durch den dort vorhandenen Schwung überspielt wird).
Treibende Impulse funktionieren nicht mit vermehrtem und länger andauerndem Schenkeldruck, weil dieser immer mit einer Bewegung hemmenden Stellung des Reiterbeckens einhergeht. Wenn ein Reiter den Schenkel fest zudrückt, treibt er nicht, sondern bremst. Er zieht praktisch mit dem Druck ausübenden Schenkel über das dadurch festgestellte und gekippte Becken die ›Handbremse‹ an, während er Gas gibt. Dem Pferd ist es nun überlassen, ob es auf den die Rückenbewegung hemmenden Impuls über den Sitz oder auf die treibende Intention des Reiters mit dem Schenkel reagiert. Da Pferde sehr empathisch sind, nehmen sie die **Intention des Reiters** auf und reagieren manchmal auch auf einen zudrückenden Schenkel mit ›Vorwärts‹. Besser verständlich (und biomechanisch richtig) ist jedoch ein kurzer Schenkelimpuls, der das Reiterbecken frei beweglich und senkrecht hält und den Pferderücken nicht blockiert.
Gegen den Begriff ›Schenkeldruck‹ habe ich inzwischen eine Abneigung entwickelt und bevorzuge das Wort ›Schenkelimpuls‹. So mancher Reiter nimmt das Wort ›Druck‹ wörtlich und drückt mit dem Schenkel wirklich fest zu oder – noch schlimmer – bohrt dem Pferd Absätze oder Sporen in die Seite und hält dies für eine treibende Hilfe. Das Gegenteil ist jedoch der Fall: Der klemmende, bohrende Schenkel bringt den Reiter ins Beugemuster und hemmt die Vorwärtsbewegung. Ich empfehle, den Schenkel ähnlich wie die Gerte einzusetzen, als kurzes ›Anklopfen‹, welches mit Stimme und/oder Gertensignalen verstärkt werden kann. Manchmal ist es auch sinnvoll, den Schenkelimpuls ganz durch Gertensignale zu ersetzen, wie z.B. bei den Übergängen vom Trab zum Schritt (siehe Lektionen).

Hilfen mit dem Schenkel spielen insgesamt eine eher unwesentliche Rolle im ›Hilfenkanon‹. Der Schenkel gibt Impulse für ›Vorwärts‹ bzw. ›mehr Energie‹. Seine Lage (am Gurt, hinter dem Gurt etc.) ist dabei von untergeordneter Bedeutung und ergibt sich meist aus der Beckenausrichtung. Er sollte im Normalfall einfach lose am Pferd herabhängen und nicht aktiv an den Pferdebauch angelegt werden (weil das zu Außenrotation im Bein mit offenen Knien und Verkleinerung der Sitzbasis führt). Viel wichtiger für effektives Treiben und Richtungskontrolle ist die Stellung und Ausrichtung des Beckens.

Energie richten, um zu treiben

Füllen Sie Ihren Oberkörper mit Energie! Stellen Sie sich dazu eine kleine Energiekugel in Ihrer Bauchmitte vor, die sich nach außen ausdehnt. Schließen Sie Ihre Achselhöhlen hinten und drücken Sie aus der Bauchmitte, wie beim Naseschnäuzen, die Energie von innen nach außen. Das macht den Sitz stabil, ohne die Beweglichkeit von Becken und Gelenken zu beeinträchtigen. Sie bekommen etwas mehr Spannung aufs Brustbein, ohne ins Hohlkreuz zu fallen. Achten Sie dabei auf Ihre freie Atmung. Der Atem darf nicht stocken, sonst stockt auch die Bewegung des Pferdes. Um auch beim Einatmen die Körperspannung zu halten und den Brustkorb nicht aufzublasen (was zum Hohlkreuz führt), sollte der Reiter eher nach unten in den Bauch hinein atmen (Bauchatmung statt Brustatmung).

Für ›mehr Vorwärts‹ richten Sie nun Ihre Energiekugel mental vermehrt nach vorne-oben. Nur mental! – Nicht dabei aus dem Sitz vorwärtsschieben oder den Oberkörper zurücklehnen! Stimme, Schenkelimpuls und Gerte können bei Bedarf unterstützen. Ein minimales Vorneigen des Oberkörpers in Bewegungsrichtung ist zudem meist hilfreich.

Mit dem Sitz treiben? Mit Kreuz reiten/treiben?

Beides funktioniert nicht, weil es oft gegen die ›Bewegungsvorgaben‹ des Pferdes arbeitet und das Pferd im Rücken stört. Zudem sieht es äußerst unelegant aus. Effektive treibende Hilfen sind immer kurze Impulse. Sie lassen den Rücken des Pferdes frei arbeiten, damit dieser als Energieüberträger von hinten nach vorn fungieren kann. Dazu muss das Becken des Reiters senkrecht stehen. Es kippt jedoch in die blockierende Stellung, wenn der Reiter mit dem Sitz schiebt.

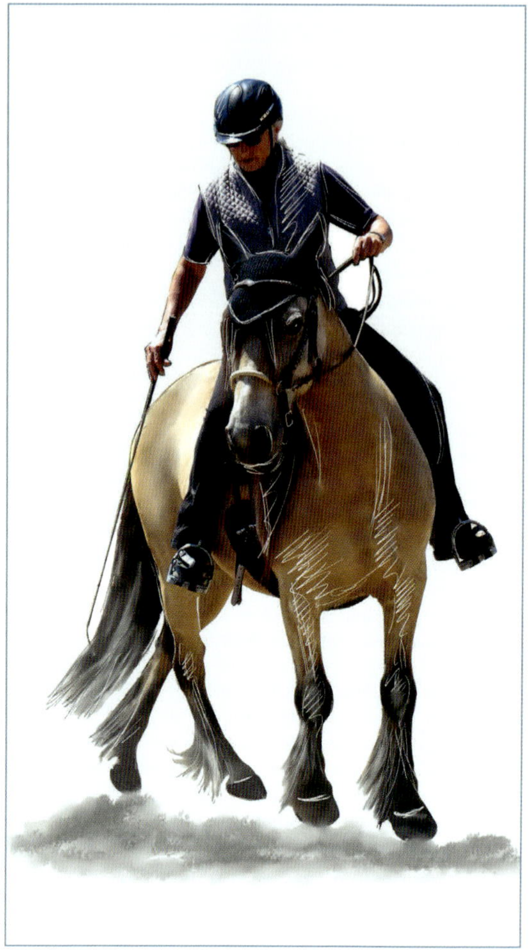

Wenn das Pferd einen Impuls zum Anhalten oder auch für Biegung irgnoriert, reitet man enge Volten und lässt das Pferd hinten übertreten – bei Bedarf mit Gerteneinsatz und einhändiger Zügelführung.

Paraden und verhaltende Hilfen

Zügelimpulse statt Zügelzug

Ablenken statt Widerstand zu provozieren

Eine ganz wichtige Richtlinie vorab: Nehmen Sie nie die Zügel so lange ziehend an, bis das Pferd steht!

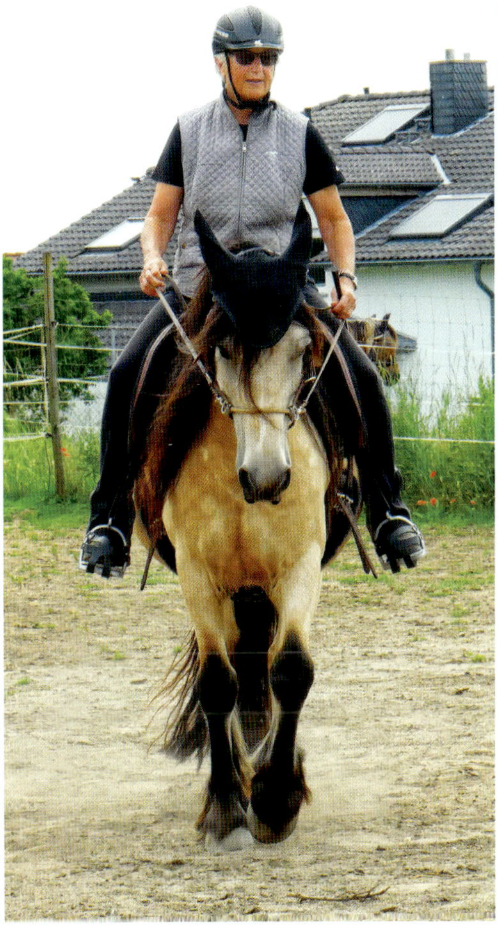

Die Hände auseinanderziehen, um einen rückwärts wirkenden Zügel zu vermeiden. Durch die Außenrotation im Arm erhöht sich dabei auch die erwünschte Körperspannung beim Reiter.

Ein Pferd vom Schritt zum Halten durchzuparieren kann ja wohl nicht so schwer sein, denken Sie. Weit gefehlt! Wenn das Pferd keine Lust hat oder es sich angewöhnt hat, gegen den Zügel zu gehen (sich gegen die Kontrolle aus den verschiedensten Gründen wehrt), ist selbst eine solche ›einfache‹ Parade eine Herausforderung. Ich habe das bei einigen Korrekturpferden erlebt, die einfach nicht anhalten wollten.

Vermeiden Sie Widerstand, geben Sie dem Pferd keine Möglichkeit, sich auf den Zügel zu legen bzw. sich dagegen zu wehren. Richten Sie Zügelimpulse nach oben (Aufwärtsparaden – siehe dort) oder zur Seite, und ziehen nicht (nie!) nach hinten.

Oder wenden Sie auf enge Volten ab und lassen das Pferd kreiseln, bis ihm das zu blöd wird und es freiwillig stehenbleibt; machen Sie ihm dann das Anhalten schmackhaft: mit viel Lob, einem Leckerli und einem entspannten Stehenlassen. Etablieren Sie ggf. Anhaltereflexe mit Hilfe der Stimme (siehe dort).

Enge Volten in Verbindung mit einem Heraustreiben des Hinterbeins und einem Anheben der inneren Schulter funktionieren auch, wenn das Pferd sich gegen die Biegung sträubt.

Hände auseinander – seitwärts gerichtete Zügelimpulse

Vermeiden Sie nach Möglichkeit einen rückwärts wirkenden Zügel, wenn das Pferd den Zügelkontakt aktiv unterbrechen will oder gegen die Hand geht. Richten Sie den Zügelimpuls zur Seite, indem Sie die Hände auseinanderziehen – rechte Hand nach rechts und linke Hand nach links. Oft weichen die Pferde nur dem rückwärts wirkenden Zügel aus und nehmen einen seitwärts oder nach oben gerichteten Impuls an.

Der Zügel muss von der Länge her so angepasst sein, dass Kontakt zum Maul zustandekommt. Die Zügel werden dann seitwärts wie ein Gummiband gehandhabt, indem der Reiter die Unterarme seitwärts in die Außenrotation ›aufmacht‹. Sobald das Pferd den Kontakt wieder zulässt, loben Sie mit der Stimme und kehren mit den Händen in die Normalposition zurück (dabei müssen Sie die Zügel meist wieder etwas kürzer fassen).

Zügel gezielt nachfassen

Der Reiter nimmt beide Zügel in eine Hand und greift zuerst einen Zügel nach, wechselt dann die Zügelhand und greift den anderen Zügel nach. Bei Richtungsänderungen und Stellungswechseln muss jeweils der (neue) innere Zügel nachgefasst werden, damit die innere Hand vorne und oben bleiben kann. Die äußere Hand lässt den (neuen) äußeren Zügel etwas durchgleiten, bis er wieder lang genug ist.

Das ›Nachschnappen‹ des Zügels mit einer Hand ist nicht zu empfehlen: Es ist unpräzise und gibt dem Pferd eher einen unangenehmen Ruck im Maul.
Gerade im Schritt haben Sie genug Zeit, sich mit dem weichen Verlängern und Verkürzen des Zügels zu beschäftigen und das Nachfassen zu üben. Diese Routine hilft Ihnen dann, wenn es im Trab oder Galopp schneller gehen muss.

Energie richten, um zu bremsen

Für ›Langsamer mit Energie‹ (= versammeln) denken Sie die Energiekugel aus der Bauchmitte etwas nach hinten und kippen den Beckenkamm minimal nach hinten, achten aber darauf, dass das Pferd weiterhin Energie zur Verfügung stellt. Treibende Schenkel- und Gertensignale und halbe Paraden unterstützen dabei. (Siehe auch Lektionen: Übergänge reiten)

Kontakt halten ≠ festhalten

Kontakt am Zügel zu halten in einer ›schwunglosen‹ Gangart wie dem Schritt ist schwerer als viele denken. Nachfolgend deswegen einige Gedanken zu gutem Kontakt und zur Einwirkung mit dem Zügel.

Aktive und passive Zügeleinwirkung

Wir unterscheiden zwischen aktiven Zügelhilfen, die etwas bewirken oder verhindern sollen, und dem **passiven minimalen Kontakt**, der dem Reiter nur **Hinweise auf den Zustand des Pferdes** (Maul, Genick, Rücken) gibt und es ihm ermöglicht, schnell aktiv zu reagieren, wenn etwas aus dem Ruder zu laufen droht. Der Minimalkontakt kann sich beim fein ausgebildeten Pferd auch auf das Zügelgewicht beschränken.
Alle **aktiven Zügelhilfen**, vor allem solche am stellenden, seitwärts wirkenden, inneren Zügel, die anfangs in jeder Hilfenkombination notwendig sind, werden als **Impuls** und nicht als lang anhaltender Zug gegeben und sollen so bald wie möglich wieder minimiert werden – sowohl was ihre Sichtbarkeit als auch was ihre Stärke angeht. Sie werden beim Training jeder neuen Lektion stärker gebraucht und verlieren bei der Vervollkommnung dieser Lektion immer mehr an Bedeutung. Sie werden durch Energiesteuerung über Vorstellungsbilder und Ausrichtung (Änderung der Beckenstellung) weitgehend ersetzt und den Zügeln kommt nur noch eine Kontakt haltende (passive) Funktion zu.

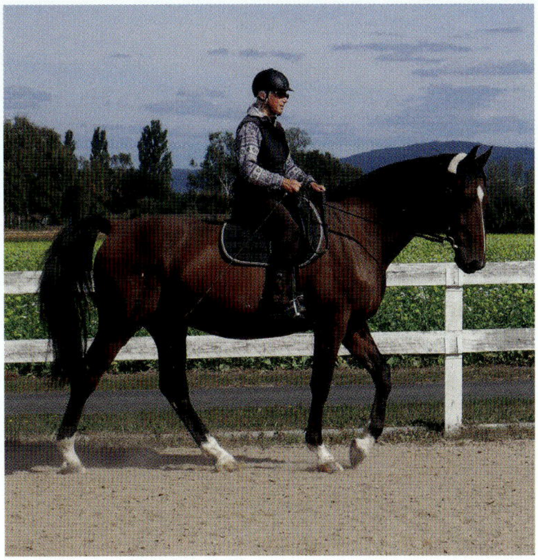

Wählen Sie die Zügellänge so, dass das Pferd den Hals ohne falsche Spannung tragen kann und mit der Nase vor der Senkrechten bleibt. Je nach Lektion und Bedarf wechseln Sie die Zügellänge. Wichtig ist nur, dass Sie Spannungszustände im Pferd über einen feinen Kontakt sensibel wahrnehmen können und dass langfristig der Pferderücken nach oben kommt.

Die passende Zügellänge

Kontrolle funktioniert weder mit zu langen, noch mit zu kurzen Zügeln.
Mit dem zu langen Zügel gibt es entweder keine Verbindung (was die Kontrolle bisweilen unmöglich macht) oder einen ›Wackelkontakt‹, bei dem das Pferd ständig im Maul gestört wird. Dieser Wackelkontakt hat nichts mit dem bewusst losen Zügel zu tun, der durchaus wünschenswert ist – wenn das Pferd sich selbst trägt und über Energieverschiebung aus dem Sitz heraus kontrolliert werden kann. Er ist jedoch eher das Ziel der Ausbildung und nicht ihr Anfang.
Mit dem zu kurzen Zügel ist der Kontakt zu starr und hart, so dass feinere Signale weder vom Pferd noch vom Reiter wahrgenommen werden. Mit einem ›starren Zügel‹ wird das Pferd immer zuerst das Maul, dann das Genick versteifen und schließlich nicht mehr über den Rücken vortreten. Gerade im Schritt ist das fatal.

Der Zügel muss dem Pferd genug Bewegungsfreiheit im Genick und Hals lassen, so dass es sich durch Haltungsänderung frei ausbalancieren kann. Es darf den Hals nicht einfach ›hinstellen‹ und im Genick ›einrasten‹, wie das z.B. Pferde mit hoch angesetztem Hals gerne tun. Wir wollen prinzipiell Bewegungsvielfalt und die bezieht sich auch auf die Halshaltung. Es ist also durchaus sinnvoll, immer wieder zwischen mehr Dehnung nach vorne und höherer Halshaltung zu wechseln – was auch Haltungsschmerzen bei untrainierten Pferden verhindert. Stellen Sie sich den Hals als eine Art Ziehharmonika vor.
Reiten Sie mit der Vorstellung, dass auch das Pferd den Kontakt suchen soll, nicht nur der Reiter. Das Pferd wird schließlich auf Ihr Gedankenbild reagieren.

Üben Sie, den **Zügel nachzugreifen**, indem Sie ständig Richtungswechsel reiten, bei denen Sie den jeweils inneren Zügel verkürzen und den äußeren verlängern müssen.
Machen Sie die Übung ›Zügelkämmen‹, um einhändig Kontakt zu halten und wechseln Sie zwischen einhändigem und zweihändigem Reiten hin und her, um in Hand und Arm beweglich zu bleiben (siehe nachfolgende Abschnitte und Lektionen). Dazu ist der Schritt hervorragend geeignet, weil Sie Zeit genug haben, alles zu sortieren.

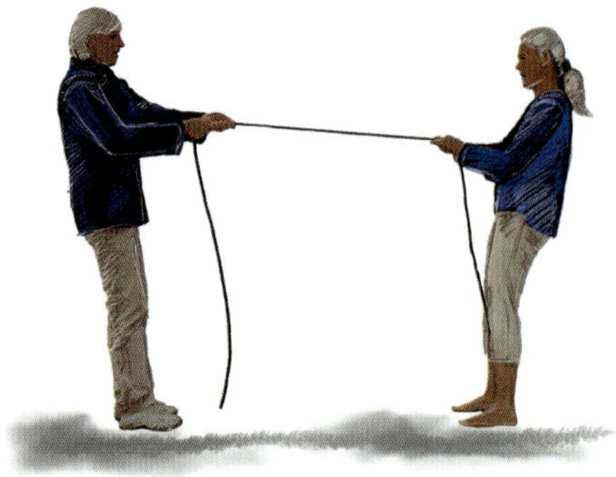

Trockenübungen für gutes Kontakthalten
Partnerübungen für Zügelkontakt und Stabilität ohne festzuhalten.
Tauziehen: Experimentieren Sie mit Ihren Achsen. Lehnen Sie sich zu weit zurück und einer lässt los, fällt der andere rückwärts um. Bleiben Sie senkrecht und halten Körperspannung, kann jeder einzelne sich ohne Zug am Seil unabhängig ausbalancieren. Versuchen Sie, schnell wieder Kontakt zu bekommen, wenn einer den Kontakt unterbrechen will: durch Weitstellen der Hand · Hände auseinander ziehen · eine Hand oder beide Hände hoch · Bewegung in den Ellbogen · Faust öffnen und schließen. Vermeiden Sie das Eindrehen der Hand dabei – das macht die Verbinbdung starr und die Reaktionen langsam.

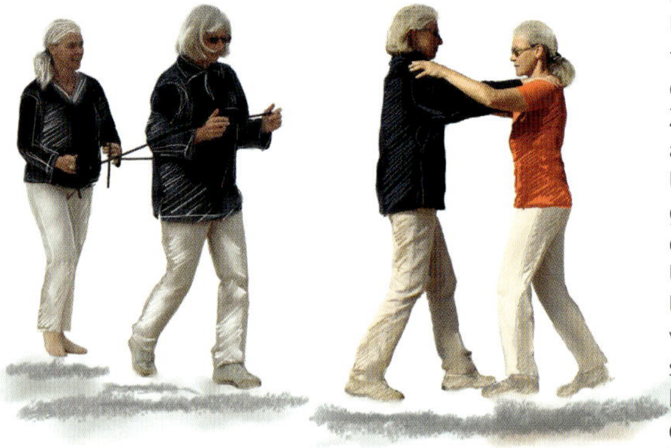

Führen und Folgen
Üben Sie das ›Führen und Folgen‹ mit einem Partner; führen Sie selbst und lassen Sie sich führen – mit direktem Körperkontakt, später über eine simulierte Zügelverbindung mit einem Seil und schließlich auch ohne Verbindung, nur mit Augenkontakt. Insbesondere beim Führen mit Seilverbindung in der geführten Rolle werden Sie sehr schnell feststellen, dass die Führung nicht funktioniert, wenn nicht beide Partner mit voller Konzentration aufeinander bei der Sache sind. Und, wenn der Geführte nicht von sich aus vorwärtsgeht. Zu fester Kontakt artet schnell ins Gegeneinander-Ziehen aus (vgl. Tauziehen), wobei jede feine Nuance der Spannungsveränderung verloren geht. Unsteter, schlabberiger Kontakt dagegen lässt den Geführten oft ziemlich ratlos ›im Regen stehen‹.

Die Funktion von innerem und äußerem Zügel

Der Reiter muss die Wirkung von innerem und äußerem Zügel trennen, wenn er präzise einwirken will. Und er darf die beiden auch gedanklich nicht verwechseln.

Der innere Zügel ist immer der Zügel auf der hohlen (inneren) Seite des Pferdes. Er hat nur eine (seitwärts) stellende Funktion und stellt den Kopf des Pferdes (leicht) in eine Wendung herein. Er wird ansonsten wenig benutzt, allenfalls noch aufwärts gerichtet, wenn das Pferd das Genick fest macht oder sich hinter dem Zügel verkriecht (Aufwärtsparade). Er wird mit fortschreitender Ausbildung immer unwesentlicher, da Stellung und Biegung beim gut gerittenen Pferd weitgehend über Ausrichtung und Beckenstellung des Reiters erfolgen kann.

Alles andere erledigt hauptsächlich der äußere Zügel: nämlich die Kontrolle von Tempo, Abstellung und (Hals-)haltung – mittels halber Paraden. Der äußere Zügel ist der ›Kontroll-Zügel‹ auf der gedehnten (äußeren) Seite des Pferdes. Er wirkt begrenzend (verhindert z.B. dass das Pferd über die äußere Schulter ausweicht), sorgt für ein Nachgeben im Genick und bleibt meist in leichter Verbindung mit dem Pferdemaul. Wird jedoch das Pferd auf dem äußeren Zügel fest und legt sich darauf, kann auch dieser lose bzw. spannungsarm werden.

Abwenden am äußeren Zügel · die stabile äußere Seite des Reiters

Wendungen werden am äußeren Zügel geritten, unter Umständen sogar in Außenstellung, wenn das Pferd über die Schulter ausweicht (siehe auch Korrekturen). Es gilt ein ›striktes Verbot‹, am inneren Zügel (nach hinten) zu ziehen.
Bei allen Richtungswechseln locken Sie das Pferd hinter Ihrer (Energie-)Ausrichtung her, statt es in die gewünschte Richtung mit dem Schenkel herüberzudrücken oder mit dem Zügel herüberzuziehen.
Um am äußeren Zügel abzuwenden, muss der Reiter seine äußere Seite stabil und das Pferd in der Längsachse eher gerade halten: Der Ellbogen bleibt außen dicht am Körper, die Achselhöhle wird außen bewusst geschlossen, der äußere Zügel kontrolliert die Längsachse des Pferdes und verhindert, dass es über die äußere Schulter ausweicht. Ganz wesentlich für die saubere Richtungskontrolle in Wendungen ist es, dass der Reiter in Bewegungsrichtung (Blickrichtung) schaut und seine Hüfte in Bewegungsrichtung vorschiebt (Ausrichtung des Beckens).

Für ein Abwenden nach rechts nehmen Sie die rechte Hüfte / den rechten Gesäßknochen (GK) vor und verschieben Ihre Energiekugel leicht nach rechts. Kopfdrehung, Blickrichtung und seitwärts führender (nicht ziehender) innerer (rechter) Zügel helfen dabei.
Achten Sie bei allen Aktionen darauf, immer Ihre beiden Gesäßknochen gleichmäßig zu belasten und mit dem Oberkörper mittig im Sattel zu bleiben. Ein Herüberhängen oder Verdrehen des Oberkörpers bringt den Reiter in eine falsche Beckenausrichtung und verursacht meist ein Ausweichen des Pferdes über die äußere Schulter.

Was der Zügel leisten kann und was nicht:

1. Kauen lassen, Maul und Genick entspannen, die aufwärts gerichtete Zügelhilfe

Bewegungsqualität steht und fällt mit dem präzisen Zusammenspiel von treibenden und verhaltenden Hilfen. Der Zügel als verhaltende Hilfe spielt jedoch nur eine untergeordnete Rolle. Wesentliche verhaltende Hilfen sind vielmehr das Kippen des Beckens in die blockierende Stellung und ein gutes Vorstellungsbild des Reiters vom gewünschten Ergebnis.
Eine wichtige Arbeit des Zügels dagegen besteht darin, das Pferd zum Kauen, zum Bewegen des Kiefers zu bringen und damit das Maul zu entspannen.
Der Reiter kann das Pferd wiederholt durch einen kurzen Zügelimpuls Richtung Maulwinkel/Ohren des Pferdes **(Aufwärtsparade/hohe Hand)** dazu veranlassen, das Maul zu öffnen und zu kauen. Spannungen im Maul und in der Folge auch im

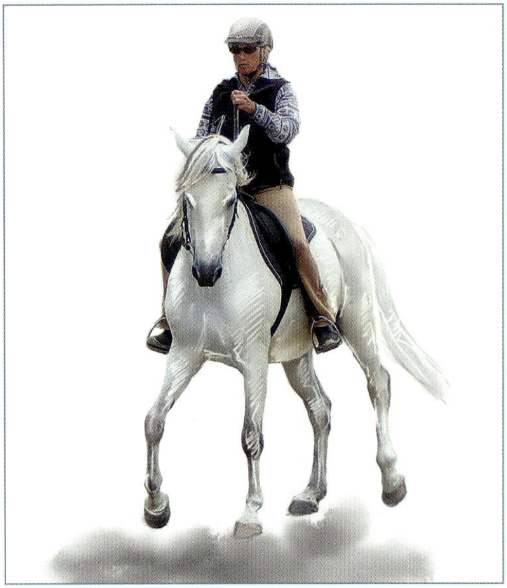

Die Aufwärtsparade: mit Wirkrichtung nach vorn-oben, Richtung Maulwinkel/Ohren des Pferdes.

Genick werden damit gelöst. **Prinzipiell sind Maul und Genick eins**: Beißt das Pferd die Zähne zusammen, ist auch das Genick fest. Ist das Pferd beweglich im Kiefer, ist es das auch im Genick.

Die Aufwärtsparade ist auch hilfreich, um das Pferd davon abzuhalten, sich einzurollen und hinter die Senkrechte zu kommen. Im Allgemeinen erfolgt die Aufwärtsparade nur am inneren Zügel. Und sie muss wirklich nach oben gerichtet werden und nicht etwa schräg über den Hals oder nach hinten, wie man es häufig in der falschen Ausführung sehen kann (damit macht man sich selbst und das Pferd schief).

Netter Nebeneffekt der hohen Hand: Sie hält das Becken senkrecht; und mit der hohen Hand kann man nicht rückwärts ziehen.

Auch ein Abstellen des Genicks zur Seite ist mit dieser Art der Zügeleinwirkung möglich (Flexionen), wobei man darauf achten muss, dass das Pferd sich nicht im Genick verwirft. Das verhindert man, indem man Kontakt am äußeren Zügel aufrechterhält.

2. Schulterkontrolle und Genickkontrolle

Hauptaufgaben des Zügels sind also nicht etwa das Bremsen und Lenken (das wird durch Energieverschiebung aus der Körpermitte des Reiters und die Beckenstellung weitgehend erledigt), sondern Schulter- und Genickkontrolle.

Die Zügel halten das Pferd in der Längsachse gerade und verhindern, dass es über die Schulter ausweicht. Der äußere Zügel kontrolliert die äußere Schulter, wenn das Pferd nach außen drängelt, der innere Zügel hält mit einer Aufwärtsparade die innere Schulter oben, wenn das Pferd über diese in die Wendung kippt (siehe auch Korrekturen und Seitengänge).

Die Zügel sind zudem dazu da, über feine halbe Paraden ständig den (Spannungs-)Zustand von Maul, Genick und damit des gesamten Pferdes abzufragen und immer wieder minimale Haltungs- und Stellungskorrekturen vorzunehmen, wenn nötig (siehe auch innerer und äußerer Zügel).

3. Funktionelle Zügel-Kontrolle: Einen Bewegungsrahmen geben, ohne das Pferd zu behindern oder einzuengen

Kontrolle bedeutet ständiges Abfragen der Beweglichkeit des Genicks mit einem äußeren Zügel, der wie ein Gummiband mit ›Wechselspannung‹

gehandhabt wird und dem Herausnehmen der Spannung zuerst am inneren Zügel (nachgeben, innere Hand vor sich hertragen) und unter Umständen auch an beiden Zügeln, wenn sich das Pferd ›im Rahmen‹ bewegt. Der Reiter darf dem Pferd zwar keine Stütze in der Hand bieten, muss ihm jedoch einen flexiblen Rahmen vorgeben, damit es langfristig eine zweckmäßige Haltung einnimmt.

Im Schritt ist es schwer, den Rahmen so vorzugeben, dass weder die Energie blockiert wird (wenn der Reiter vorne zu viel eingreift) noch das Pferd in einer bequemen Bummelhaltung mit langem tiefem Hals ›ohne Haltung‹ seine Runden zieht. Das kann man im Gelände machen – aber auch da ist es sinnvoll, ab und zu eine paar Arbeitsminuten in Haltung einzulegen.

Überhaupt ist das **Arbeiten im Gelände** eine gute Idee, weil Pferde dort im Allgemeinen einen fleißigeren Schritt gehen und man nicht so viel Aufwand hat, Energie ins Pferd zu bringen, um Haltung herzustellen. Und man kann sich besser auf die eigene Haltung konzentrieren: in sich hineinfühlen, ob man die Bewegungsvorgaben des Pferdes spürt und wie der eigene Körper sie aufnimmt. Was macht das Becken? In welche Richtung zeigen die Gesäßknochen? Wie trage ich die Hand? Wo sind meine Ellbogen? ...

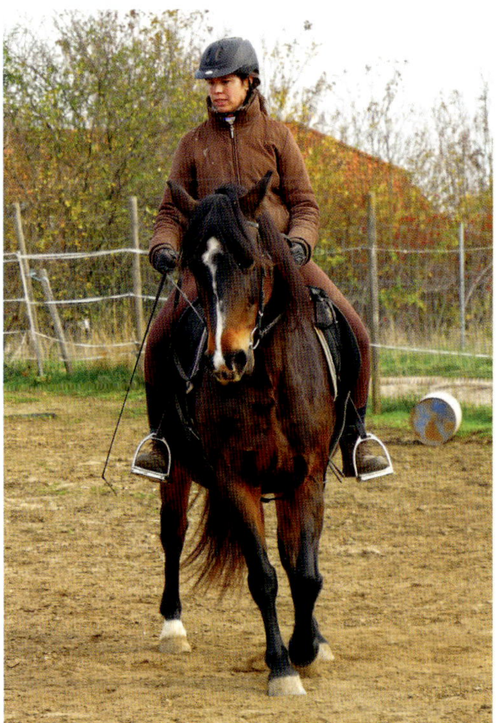

Die Hand still/ruhig halten?

Um gezielt mit dem Zügel einwirken zu können, darf die Reiterhand kein wackeliges Eigenleben führen. Sie darf nicht an den Sitz gekoppelt sein, sondern muss **unabhängig** von allen Bewegungen des Pferde- und Reiterkörpers balanciert getragen werden.

Mit dem Kommando »Halt die Hände still und tief« verschlimmert so mancher Reitlehrer das Problem der unruhigen Hand: Je verbissener man die Hand ruhig halten will, umso unruhiger wird sie. Und je tiefer wir sie halten, umso mehr wird der Ellbogen ausgestreckt und fungiert nicht mehr als ausgleichendes Gelenk.

›Hände still halten‹ kann in einem bewegten System überhaupt nicht funktionieren! Was jedoch

Der Reiter braucht keine still stehende Hand, sondern eine balanciert getragene und vor allem frei bewegliche, reaktionsschnelle Hand. Hier ein gutes Abwenden mit seitwärts führendem inneren und kontrollierendem äußeren Zügel.

funktioniert, ist, die Hand vor sich her zu balancieren – mit der gleichen Idee, die man braucht, um ein gefülltes Glas die Treppe hinaufzutragen, ohne dass es überschwappt: mit gewinkeltem Ellbogen, frei hängendem Oberarm und getragener Hand. (Die Wasserglasübung funktioniert auch auf dem Pferd.) Der Winkel im Ellbogen öffnet und schließt sich dabei ständig leicht, um die Hand auf einer Höhe zu halten. Auf einem kleinen Trampolin oder beim Joggen mit einem gefüllten Wasserglas in der Hand kann man so etwas üben. Versuchen Sie nur einmal, das mit ausgetrecktem Arm hinzukriegen!
Prinzipiell ist die ruhige Hand gar nicht erstrebenswert. Wir wollen eine weiche, ›kommunikative‹ Hand, die schnell nachgibt und wieder Kontakt herstellt. Dazu muss die Zügellänge immer wieder verändert werden (siehe dort). Kontrollierte Bewegung im Arm ist also angesagt, nicht das Stillhalten der Hand um jeden Preis.

Dem Pferd eine zweckmäßige Haltung zuweisen

Was ist eine zweckmäßige Haltung?

Diskussion der Zügel-Anlehnung und der Dehnungshaltung

Bei den Begriffen Anlehnung, Kontakt und Zügelspannung scheiden sich die Geister: Die einen haben gerne immer ›etwas in der Hand‹, was im schlechtesten Fall einen Zug von mehreren Kilo auf dem Zügel bedeutet. Die anderen trauen sich nicht, das Pferd im Maul anzufassen und lassen es ohne Haltung laufen, wie es will. Beides ist langfristig gesundheitsschädlich fürs Pferd und unbequem für den Reiter. Und der Schritt ist die Gangart, in der sich ohne ein gutes ›Energiekonzept‹ nur sehr schlecht korrekte Haltung herstellen lässt.
Weit verbreitet ist die Annahme, dass ein Pferd als allererstes Ziel den Kopf tief tragen sollte. Ausbildung, die dem Pferd etwas mehr Versammlung abverlangt, bleibt den ›Dressurspezialisten‹ vorbehalten. Viele Pferde werden die meiste Zeit ihres Lebens in falsch verstandener Dehnungshaltung geritten, bleiben ›kopflastig‹ und fallen in jeder Parade auf die Schulter.
Mal abgesehen davon, dass die Dehnungshaltung mit stabilem Rücken selten wirklich korrekt gelingt, hat sie ihre Grenzen dort, wo vermehrte Balance gefragt ist.

Das ist keine Haltung, die zum Arbeiten taugt. Das Pferd dehnt die Oberlinie nach einer ›spannenden‹ Lektion. Das ist kurzfristig für eine Entspannungs-Pause okay. Langfristig muss die Schulter des Pferdes jedoch angehoben werden.

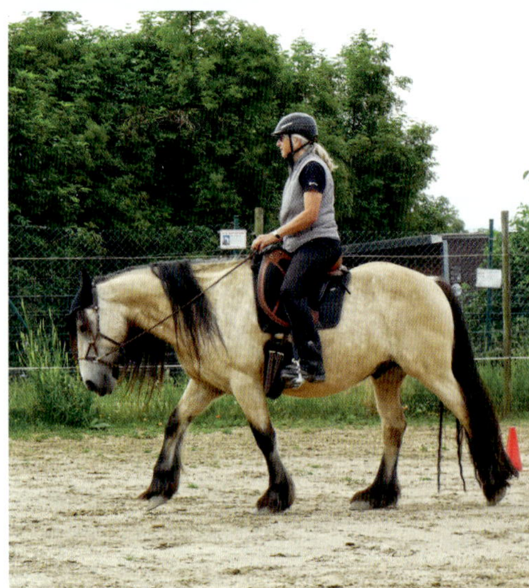

Reiten in Dehnungshaltung vorwärts-abwärts ist ein vorübergehender Zustand – für Pferde, die noch nicht lange in Haltung gehen können, die noch keine Kraft in den Hinterbeinen haben, deren Rücken noch nicht stabil ist oder solche, die den Rücken verspannen.

Leider verwechseln viele Reiter die Dehnungshaltung mit einem energielosen Hängen-Lassen oder mit aktivem ›Herunterziehen‹ von Hals und Kopf (Schulter und Hals hängen, die Nase ist hinter der Senkrechten oder das Pferd streckt den Hals ohne Haltung mit Spannung im Unterhals gerade nach vorn) und wundern sich, wenn das Pferd dabei nach unten ›in den Boden läuft‹ und die Schulter fest macht. (Im Schritt fällt das erst so richtig negativ auf, wenn wir Tempowechsel und Übergänge in den Schritt und aus dem Schritt nach oben reiten wollen.)

In einer physiologisch korrekten Dehnungshaltung bleibt jedoch die Schulter oben und der Hals wölbt sich mit offenen Ganaschen nach vorne (nicht nach unten). Die Nase ist dabei nicht tiefer als auf Höhe des Buggelenks und vor der Senkrechten. Diese korrekte Form der Dehnung kann später in eine Art ›versammelte Dehnungshaltung‹ überführt werden, bei der sich das Pferd vorne hebt und hinten setzt und trotzdem noch eine gedehnte Nacken-Rückenlinie hat. Dies im Schritt zu erreichen, ist schon fast ›hohe Schule‹, denn im schwunglosen Schritt ist es nicht einfach, die benötigte Energie vom Pferd zu erhalten.

Zweckmäßige Haltung ohne Zwang. Das Pferd balanciert sich ohne straffen Zügel, gebisslos, mit angehobener Schulter und freiem Hals in einem Kurzkehrt aus.

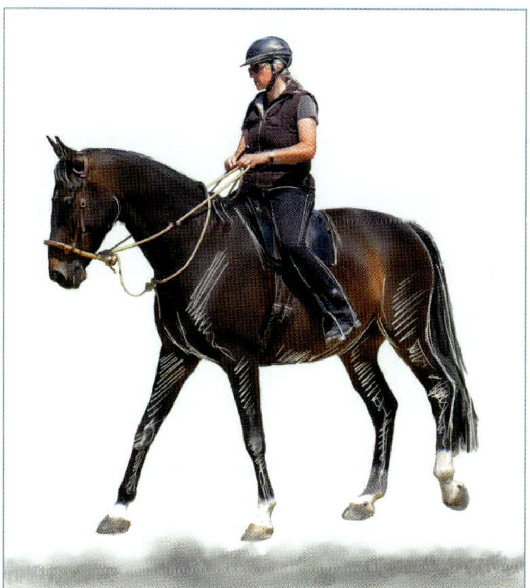

Funktionelle Haltung stellt sich oft von selbst ein

Wenn ein Pferd aufmerksam oder gespannt ist, nimmt es den Kopf etwas höher. Damit verbessert es seine Orientierung im Raum und verändert sein Gleichgewicht: Es setzt sich in einen ›aktivitätsbereiten‹ Zustand, um schnell reagieren zu können. Spielende Pferde befinden sich z.B. nie in einer völlig entspannten Haltung, weil dabei die Vorhand ›am Boden klebt‹ und schnelle Manöver nicht möglich wären. Für schnelle Reaktionen beim Spiel benötigt das Pferd eine ähnliche Balance, wie beim Reiten in Versammlung.

Es ist also sinnvoll, dem aktiven Pferd eine entsprechende ›Aktivitätshaltung‹ zu geben bzw. ihm eine solche nicht zu nehmen. Die Pferdenase muss also durchaus nicht tief sein.

Die meisten Pferde ohne schwerwiegende Exterieur-Probleme finden mehr oder weniger von allein eine funktionale Haltung, wenn der Reiter langsam und kleinschrittig arbeitet und nichts erzwingt. Bisweilen muss er jedoch dem Pferd einen ›initialen Schubs‹ in die richtige Richtung geben, wenn es sie nicht findet.
Zum Erreichen der Selbsthaltung dienen alle Varianten der Seitengänge, Biegeübungen, Übergänge und Rückwärtsrichten. Der Schritt ist die Gangart, die beim Pferd keine Angst vor Gleichgewichtsverlust auftreten lässt und beim Reiter keine vor Kontrollverlust. Die Übungen mobilisieren und kräftigen, ohne dass das Pferd zu stark auf die Vorhand kommt.
Das gilt nicht nur für die normale ›Arbeitshaltung‹, sondern auch für Versammlung. Versammlung wird leider genauso oft falsch erarbeitet, wie die Dehnungshaltung: mit dem Zügel erzwungen, mit verkürztem Hals, tiefer Schulter und hoher Kruppe. In dieser falschen (verspannten) Versammlung können Rücken und Hinterhand genauso wenig arbeiten, wie in der falschen Dehnungshaltung und die Kontrolle wird zum Kraftakt.

Mach mal Pause: Haltung ohne Verspannung

Machen Sie Ihrem Pferd erwünschte Reaktionen angenehm. Dazu gehört, eine Pause einzulegen, wenn etwas gut war.
Pausen können am langen Zügel im Schritt oder auch im Halten erfolgen.
Pferde, die im Schritt davoneilen oder nicht freiwillig vorwärtsgehen, lässt man besser im Halten pausieren, damit man sie auch wirklich in Ruhe lassen kann und nicht einwirken muss.
Bei untrainierten oder falsch in der Verspannung trainierten Pferden sollte immer bedacht werden, dass sie unter Umständen ›Haltungsschmerzen‹ bekommen. Da sind Pausen absolut notwendig. Und wenn etwas gut ist, reizen Sie es nicht so lange weiter aus, bis es wieder schlechter wird. Hören Sie auf, wenn es am schönsten ist, und freuen Sie sich auf die nächste Trainingseinheit. Brechen Sie eine Übung immer dann ab und setzen neu an, wenn Sie merken, dass Sie selbst sich verspannen, zu lange festhalten oder zu hart einwirken müssen, um Ihre Wünsche durchzusetzen. Oft ist das Pferd dann schon ›aus dem Ruder gelaufen‹ und der Reiter hat kaum eine Chance, es wieder mit ›vernünftigen Mitteln‹ auf Kurs zu bringen. Bevor sich also beide Partner an einer

Diese Haltung sieht zwar schön aus, es besteht jedoch die Gefahr, dass das Pferd den Hals einfach nur ›hinstellt‹, ohne dass es von hinten nach vorne durchtritt. Um das zu überprüfen (und zu korrigieren), muss der Reiter immer wieder Tempounterschiede mit wechselnden Halslängen reiten.

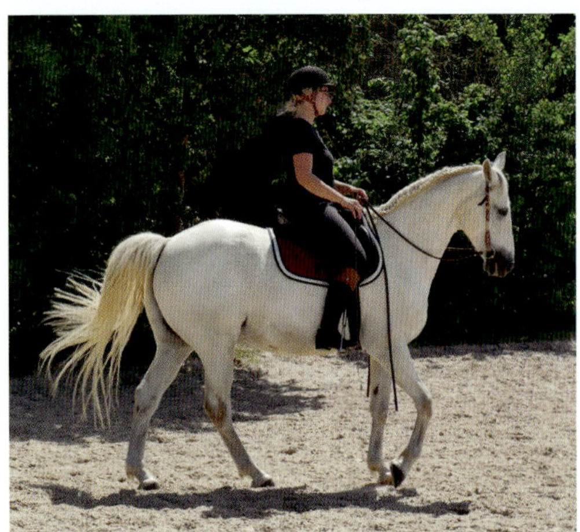

Übung ›festgefressen‹ haben, lieber eine kurze Pause einlegen, durchschnaufen und neu beginnen.
Insbesondere beim Training der Seitengänge versucht so mancher Reiter, ein Übertreten mit Druck durchzusetzen, fällt dabei aus dem Sitz und die Energie geht verloren. Hier ist es sinnvoll, das Pferd immer wieder nach vorne herauszulassen und neu einzustellen (siehe dort).

Haltung herstellen in der Praxis

Die Energie aus dem Motor Hinterhand nach oben umlenken

Haltung ist anstrengend. Für Haltung im Schritt braucht das Pferd deutlich mehr Energie, als für einfaches Bummeln im Schritt (insbesondere, wenn es sich versammeln soll). Das Pferd als prinzipieller Energiesparer wird diese zusätzliche Energie erst einmal nicht ganz freiwillig liefern. Vor allem, weil es ja durch das Zusatzgewicht des Reiters sowieso schon mehr leisten muss. Diese Mehr-Arbeit für Haltung müssen wir ihm als Reiter schmackhaft machen.
Wenn das Pferd begreift, dass es den Reiter besser ausbalancieren kann, wenn es in Haltung geht, und wenn es etwas Kraft und Kondition aufgebaut hat, wird es die erwünschte Haltung immer schneller anbieten. So mancher Reiter macht jedoch den Fehler, Haltung festhalten zu wollen, wenn er sie einmal erreicht hat. Damit nimmt er dem Pferd seine Bewegungsfreiheit und reitet es in die Verspannung. Es gilt: **Haltung ist Bewegung und muss in jedem Augenblick neu erarbeitet werden.**
Das zu schnelle Pferd (es gibt durchaus Pferde, die im Schritt übereilt davonrennen) muss beruhigt werden, damit man ihm nicht dauernd bremsend ›im Maul hängt‹. Beruhigen bedeutet, das Pferd in einen aufnahme- und lernbereiten, d.h. stressfreien Zustand zu versetzen, so dass es in der Lage ist, dem Reiter zuzuhören. Zudem muss man ihm eine Haltung zuweisen, aus der heraus es auf verhaltende Impulse ›anatomisch sinnvoll‹ reagieren kann. Eine Haltung, die es so gut unter dem Reitergewicht ausbalanciert, dass es mit verstärkter Winkelung der Hanken und Lastaufnahme hinten auf eine Parade reagiert und nicht versucht, sich auf der Reiterhand abzustützen (auf den Zügel zu legen) und damit auf die Vorhand fällt und die Schulter überlastet.
Prinzipiell sind Übergänge Halten-Antreten und Rückwärts-Vorwärts gut, um ein Pferd davon ab-

Wenn es gelingt, das Pferd dazu zu bringen, den Hals auf vortreibende Hilfen nach vorne an die Hand heranzudehnen, steht es korrekt an den Hilfen.

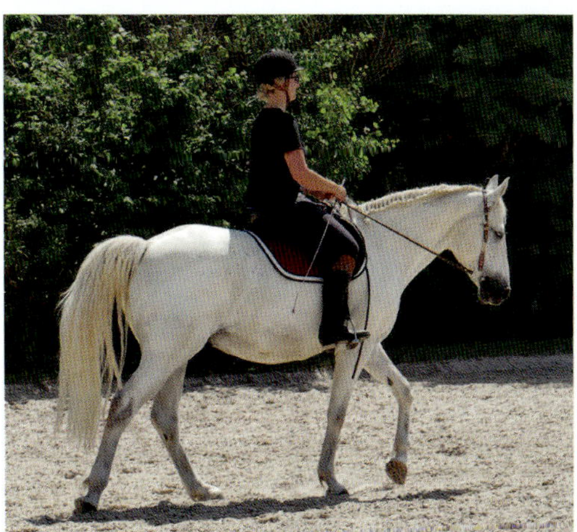

zuhalten, der Einwirkung des Reiters davonzulaufen. Dazu muss jedoch das Anhalten und das Rückwärts geübt werden, was sich mit solchen Pferden eher schwierig gestaltet.
Wendungen wie kleine Zirkel und Volten, Anhalten und wieder (seitwärts) Antreten im Schenkelweichen oder Schulterherein können bei Pferden helfen, die nicht stehen bleiben wollen. Hier gilt das Prinzip: **Unerwünschtes anstrengend oder unbequem machen**. Das Pferd muss sich in den Seitengängen oder engen Wendungen anstrengen und ist froh, stehen bleiben zu dürfen. Achten Sie darauf, dass sich das Pferd wohlfühlt und den Hals entspannt, wenn es anhalten ›darf‹. Ein Leckerli bei ruhigem Stehen kann helfen. Ein fester Platz, an dem sich das Pferd immer wieder im Stehen entspannen darf, ebenfalls.
Arbeiten Sie immer mit zusätzlichen verbalen Hilfen beim Anhalten. Auf diese Weise können Sie langfristig einen **›Anhaltereflex programmieren‹**.
Versuchen Sie zu Anfang nicht, das Pferd ›in Haltung‹ stehen zu lassen. Auch das ist anstrengend – und das Pferd soll zunächst Halten mit Entspannung verbinden.

Die Themen **Wohlfühlen und Motivation** sind extrem wichtig, wenn wir feine Reaktionen vom Pferd haben wollen. Viele Pferde stehen ›unter Strom‹, weil sie in die Verspannung geritten wurden; weil die Muskulatur schmerzt; weil sie keine klaren, unmissverständlichen Ansagen bekommen. Sie laufen dem Schmerz davon, suchen ihr Heil in der Flucht nach vorne und denken gar nicht daran, eine Parade anzunehmen. Diesen Pferden muss man erst wieder vermitteln, dass Geritten-Werden – und vor allem das Anhalten – auch angenehm sein kann.
Handarbeit ohne Reitergewicht und Schrittarbeit mit Seitengängen und Rückwärts-Vorwärts-Übergängen unter dem Sattel sind das Mittel der Wahl.

Anhaltereflexe etablieren

Um von der Idee, mit dem Zügel zu bremsen, wegzukommen, sollten Sie dem Pferd beibringen, weitgehend auf Stimmkommando und Beckenkippen anzuhalten. Sorgen Sie dafür, dass das Pferd gerne anhält, weil es Pause machen darf (s.o.). Lassen Sie das Pferd mit entspannt hängendem Hals stehen. Loben Sie es mit der Stimme und sitzen selbst völlig entspannt. Setzt sich das Pferd ungefragt in Bewegung, so kommt ein kurzer Zügelimpuls nach oben und ein verbales Kommando für Halt.
Beobachten Sie sich selbst: Denken Sie wirklich an Halten oder haben Sie die Befürchtung im Kopf, dass das Pferd sich wieder in Bewegung setzt? Und steuern Sie da schon in Gedanken gegen? Die negative Erwartungshaltung des Reiters verhindert, dass sich das Pferd wirklich entspannt.
Es kann durchaus ein paar Wochen dauern, bis das entspannte Stehenbleiben funktioniert. Danach kann man daran arbeiten, dass das Pferd auch ›in Haltung‹ stehen bleibt. Nicht zu lange, denn das setzt das nervöse Pferd schnell unter Stress.
Wenn das Stehen angenehm fürs Pferd geworden ist, kann man den Anhaltereflex aus dem Schritt

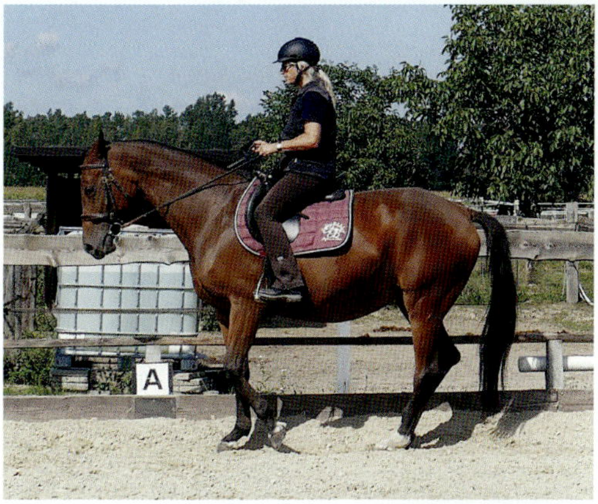

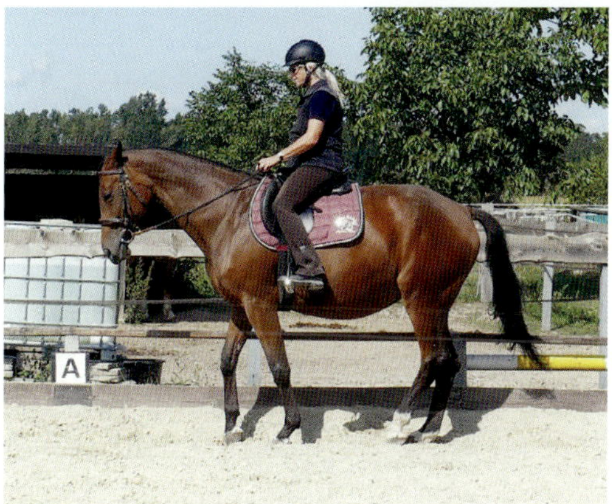

Rückwärts-Vorwärts-Übergänge und zwischendrin immer wieder ruhiges Stehenlassen am losen Zügel ohne Haltung dient zum Beruhigen von Pferden, die der Einwirkung davonlaufen. Achten Sie darauf, das Rückwärtsrichten ohne Zug am Zügel auszuführen. Der Zügel verhindert nur ein Antreten nach vorne, wenn es gerade nicht erwünscht ist.

›programmieren‹. Arbeiten Sie nur mit kurzen Impulsen am Zügel, damit das Pferd keine Chance hat, sich auf die Hand zu legen und nicht gegen den verhaltenden Impuls ankämpft. Wenn das Pferd dabei die Nase in die Luft streckt, ist es auch erst einmal in Ordnung. Die Hauptsache, es hält an. Es geht hier noch nicht um Haltung, sondern um Gehorsam. Und darum, dass das Pferd sich über Einsatz der Hinterbeine ausbalanciert und nicht auf der Vorhand bremst.

Aufwecken

Zu langsame Pferde, die keine Energie liefern, müssen aufgeweckt werden, sonst kann man keine arbeitsfähige Haltung herstellen. Man muss das Gefühl haben, dass die Energie frei über den Rücken des Pferdes nach vorne fließt und nicht, dass im Lendenbereich oder in der Sattellage eine ›Sperre‹ drin ist. Auch das Hochdrücken des Halses und ein festes Genick blockieren den Energiefluss, bringen das Pferd ins Hohlkreuz und behindern sowohl das Vortreten der Hinterbeine, als auch die Beweglichkeit der Schulter.
Aufwecken bedeutet nicht, das Pferd eilig zu machen und vorwärts zu jagen. Darunter leidet der Takt und das Pferd kann den Rücken erst recht nicht loslassen.
Sinnvoller ist es, auch hier in engeren Wendungen zu arbeiten, um die jeweils äußere Seite zu dehnen und eine seitliche Nachgiebigkeit im Genick herzustellen. Lässt das Pferd die Biegung nicht so recht zu, kann man die Hinterbeine nach außen treiben und übertreten lassen. Dabei soll die innere Schulter möglichst oben bleiben. Das sieht manchmal etwas wild aus, bringt aber das Pferd aus seiner stoischen Geisteshaltung heraus. Vorwärts-Rückwärts-Übergänge (siehe dort) sind zudem gut geeignet, um das Pferd wach und reaktionsbereit zu machen.
Bei ganz phlegmatischen Pferden oder solchen, die schon innerlich gekündigt haben und alles

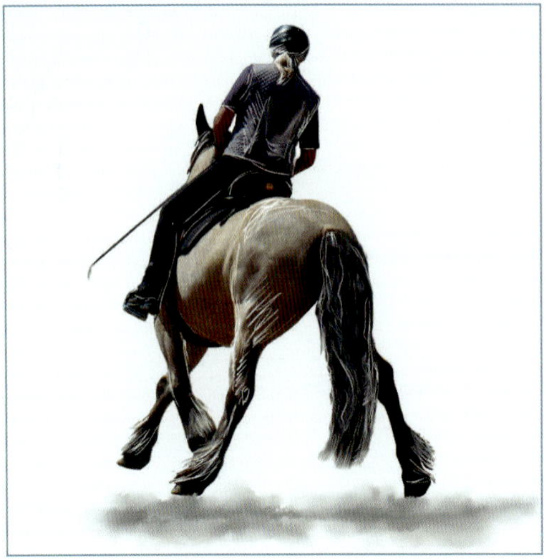

Machen Sie dem Pferd eine ›Flucht nach vorn‹ und eine nicht erwünschte Haltung anstrengend – indem Sie es in Seitwärtsbewegungen oder enge Volten führen bzw. die Hinterbeine nach außen ›ausschwingen‹ lassen.
Auch ein Kippen über die innere Schulter bekommen Sie damit in den Griff.

stoisch über sich ergehen lassen, ist dafür bisweilen eine Resensibilisierung auf die Hilfen nötig, damit sie wieder auf leichte Impulse reagieren.

Das Prinzip der Resensibilisierung

Um mit einem Pferd wirklich arbeiten zu können, muss es von allein vorwärts laufen. Der Reiter darf nicht gezwungen sein, die ›normale‹ Vorwärtsbewegung mit ständigen treibenden Hilfen aufrecht zu erhalten, wie es leider in manchen Reitsystemen gefordert wird. Es ist energetischer Unsinn, jeden Schritt oder Tritt des Pferdes herauszutreiben. Wenn der Reiter dann **für einen Übergang eine Erhöhung der Aktivität und Energie** fordert, muss er immer noch mehr einwirken – und irgendwann ist da keine Energie mehr übrig, weil alles für den ›Normalbetrieb‹ verpulvert wurde. Das Konzept der Arbeitsreitweisen mit der impulshaften Hilfengebung ist viel sinnvoller: Der Reiter wirkt nur ein, wenn er etwas am Status quo ändern will. Das Pferd hält so lange Tempo und Gangart, bis ein neuer Impuls kommt. Nichtstun und Stillsitzen seitens des Reiters bestätigt das Pferd in dem was es tut. Nichtstun bedeutet allerdings keine völlige Inaktivität, sondern **achtsame Konzentration** auf alle Vorgänge im System Reiter plus Pferd **bei aufrecht erhaltener Körperspannung**. Mit der Bereitschaft, sofort einen Impuls zu geben, wenn z.B. Haltung, Richtung oder Tempo korrigiert werden müssen. Achtsamkeit und ruhige Konzentration, ohne dauernd einzuwirken, fällt vielen Reitern extrem schwer. Insbesondere solchen, die Angst vor Kontrollverlust haben.

Resensibilisierung lebt davon, dass eine prompte Reaktion auf einen leichten Impuls eingefordert wird. Mit allen verfügbaren Mitteln, **die das Pferd bei Nicht-Reagieren nerven**, wie verschiedene Gertensignale (siehe dort), verbale Hilfen und Wiederholung von treibenden Schenkelimpulsen – mit Ausnahme von Druckverstärkung bzw. anhaltendem Druck, die das Becken blockieren!

Gründe für ein Nicht-Reagieren des Pferdes auf treibende Hilfen

Pferde sind sehr viel sensibler auf die Berührung des Schenkels, als die meisten Menschen denken. Sie spüren jede Fliege auf der Haut. Wenn also ein Pferd nicht auf den Schenkelimpuls reagiert, so gibt es nur drei Gründe dafür:

1. Das Pferd weiß (noch) nicht, was es bedeutet (bei jungen Pferden ohne ›Vorbildung‹ am Boden durchaus möglich).
2. Der Reiter hat das Pferd durch ständige, unnötige Schenkelsignale abgestumpft. Oder er blockiert eine vortreibende Hilfe durch unbewusstes Festhalten im Becken oder Ziehen am Zügel. Oft hat der Reiter ›Angst vor der eigenen Courage‹, weil er nicht weiß, ob er die freigesetzte Energie auch kontrollieren kann. Das gilt vor allem beim Antraben und Angaloppieren aus dem Schritt.
3. Das Pferd ignoriert den Reiter und hält ihn nicht für weisungsbefugt. In diesem Fall ist in der bisherigen Ausbildung etwas schiefgelaufen; evtl. müssen Sie Ihrem Pferd dann deutlich klarmachen, wer das Sagen hat. Die Gerte ist dafür meist das adäquate Instrument – zusammen mit dem Fokussieren der Bewegunsgrichtung und dem richtigen Bild der erwünschten Reaktion im Kopf.

Keine Angst vor der eigenen Courage

Lassen Sie eine heftige Reaktion des Pferdes zu: Sie wollen vorwärts? Dann ist es erst einmal egal, wie das Vorwärts aussieht. Wenn das Pferd angaloppiert statt im Schritt mehr vorwärtszugehen, dann hat es ›gut reagiert‹ im Sinne einer prompten Reaktion. Es wird gelobt und keinesfalls am Zügel zurückgehalten. Beim nächsten Mal wird der Vorwärts-Impuls etwas weniger deutlich gegeben – und das Pferd tritt vielleicht nur deutlich mehr vor im Schritt. Was ein sofortiges Lob und Aussetzen der treibenden Hilfen nach sich ziehen muss – so lange bis das Pferd wieder Energie verliert ...

Treiben mit Sporen?

So mancher meint, das Schenkelsignal mit Sporen verstärken zu können. Das ist ein Trugschluss. Bei einem fein gerittenen Pferd können Sie mit fein dosiertem Sporeneinsatz ein etwas aktiveres Hinterbein bewirken. Zum Treiben sind Sporen jedoch ungeeignet.

Viele Pferde reagieren auf einen Sporenstich eher mit Blockieren und Verkrampfen (Katzenbuckel) als mit Vorwärtsgehen. Das liegt auch daran, dass der Reiter mit einem stochernden Sporn (und dabei oft hochgezogenem Absatz aus auswärts – in die Außenrotation – gedrehtem Bein) die Beweglichkeit seines Beckens einschränkt – und damit die Rückenbewegung des Pferdes. Und schließlich: Je öfter Sie den Sporn einsetzen, umso stumpfer reagiert das Pferd schließlich auf den normalen Schenkelimpuls.

Vielseitiger Gerteneinsatz

Eine Gerte ist vielseitiger und präziser an verschiedenen Stellen einsetzbar. Sie können gezielt bestimmte Körperteile anticken: Schulter, Kruppe, Hinterbein etc. (insbesondere, wenn Sie sie schon am Boden eingesetzt haben). Sie können sie locker an der Seite des Pferdes entlangschwingen; Luftzug und leichtes Zischen sowie die schwingende Armbewegung treiben manchmal effektiver als ein ›normaler‹ Gerteneinsatz. Auch ein schnell wechselnder Rechts-links-Einsatz, bei dem man mit nach oben zeigender Gerte schnell aufeinanderfolgend das Pferd rechts und links an der Hinterhand berührt, führt oft durch den Überraschungseffekt« zum Erfolg.

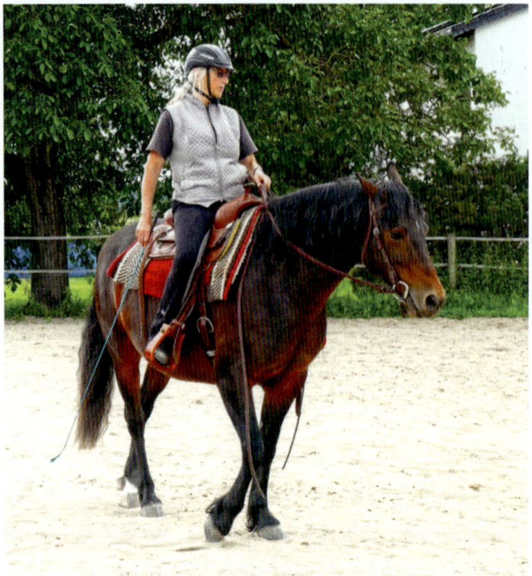

Gerteneinsatz: z.B. um das äußere Hinterbein des Pferdes bei einer Hinterhandwendung am Ausweichen zu hindern.

Üben Sie, mit der Gerte umzugehen – in der rechten und in der linken Hand und beim Wechseln, so dass Sie sie schnell dort einsetzen können, wo sie gerade gebraucht wird.

Kreative Gertensignale:

Rechts-Links-abwechselnd
Gerte von hinten nach vorne schwingen
Gerte senkrecht nach oben nehmen
Gerte gezielt am Hinterbein, auf der Kruppe, an der Schulter einsetzen
Gerte auch fürs Rückwärtsrichten hinten einsetzen

Der mentale und emotionale Anteil des Reitens –

das richtige Bild in den Kopf bekommen und mit dem richtigen Gefühl hinterlegen

Alle Möglichkeiten der Verständigung ausschöpfen

Nutzen Sie auch die Stimme als Hilfe, insbesondere, um ein klareres Bild in den eigenen Kopf zu bekommen. Das funktioniert nach dem gleichen Prinzip, wie z.B. beim konzentrierten Lesen: Allein das Lippenbewegen macht es leichter, etwas zu verstehen und es sich zu merken.
Wenn ich also das Pferd anhalten möchte, kann ich ihm und mir selbst das Leben erleichtern, indem ich es auf Stimmhilfen konditioniere. Das funktioniert natürlich auch mit allen Übergängen, die ich mir erleichtern kann, wenn ich die gewünschte Gangart ›ansage‹. Die Haltung des Reiters muss natürlich trotzdem stimmen.

Die Präsenz des Reiters
Der Fels in der Brandung

Präsenz hat viel mit mentaler Stärke und Selbstvertrauen zu tun. Vertrauen Sie in die Richtigkeit dessen, was Sie vom Pferd fordern und stellen sich vor, wie es schon erreicht ist. Füllen Sie Ihren Oberkörper mit Energie und stellen ihn wie einen ›Fels in der Brandung‹ hin. (Achtung: Das bedeutet keinesfalls, ihn als Hebel in Rücklage einzusetzen.)

Behaupten Sie Ihre Position auf dem Pferderücken, auch wenn das Pferd Sie ›umsetzen‹ will. Bewahren Sie Haltung und setzen (erfüllbare) Forderungen ans Pferd durch – ohne Gewalt, aber mit sturer Beharrlichkeit.
So mancher eher zaghafte Reiter traut sich nicht so recht, etwas durchzusetzen, weil er denkt, er könne vielleicht etwas falsch machen. Diese

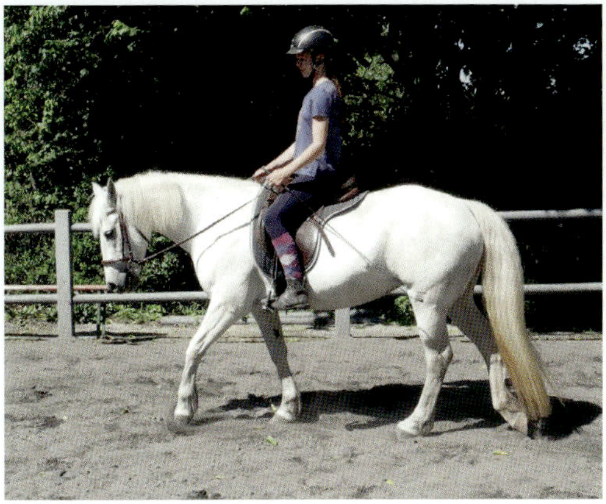

Präsenz: Den Oberkörper und die äußere Seite stabil halten, und darauf vertrauen, dass die Steuerung über Vorstellungskraft funktioniert. Mit der richtigen Idee im Kopf können das auch Kinder, ohne viel Kraft aufzuwenden.

›Schwäche‹ nutzt das Pferd gnadenlos aus, um sein eigenes Ding zu machen – nicht, weil es den Reiter ärgern will oder grundsätzlich ›böse‹ ist, sondern weil es keine klaren Vorgaben erhält und schließlich selbst entscheidet.

Die eigene Position behaupten und klare Ansagen machen

Ist der Mensch instabil oder unsicher, so wird das gesamte System instabil. Das Pferd übernimmt dann die Führung oder drückt sich vor der anstrengenden Arbeit, wenn keine klaren Ansagen kommen. Der Mensch muss dem Pferd einen stabilen, jedoch nicht zu engen ›Haltungs- und Bewegungsrahmen‹ vorgeben und verhindern, dass es ›aus dem Rahmen fällt‹, z.B. dass es über die Schulter ausweicht, davonrennt oder den Rücken wegdrückt. Ein kurzfristiges Aus-dem-Rahmen-Fallen ist jedoch weniger schlimm als ein starres Festhalten.

Auch der Reiter selbst muss sich positionieren und seine mittige Position im Sattel behaupten, in der beide Gesäßknochen gleich stark belastet sind und nach unten zeigen. Wenn ihn das Pferd z.B. umsetzen will – was im Schritt häufig in engen Wendungen und in den Seitengängen passiert –, muss er sich immer wieder zurechtsetzen.
Kurz: **Wir ›positionieren‹ uns selbst und das Pferd, ›bewahren Haltung‹ und behaupten die Position, ohne starr zu werden und festzuhalten.** Pferd und Mensch halten unabhängig voneinander ihr Gleichgewicht und ihre Position. Überprüfen kann man diese Selbsthaltung, indem man immer wieder Druck bzw. Zug wegnimmt: Zügel loslassen, Hand sinken lassen (nicht herunterdrücken), Becken entspannen und die senkrechte Stellung überprüfen, langsam ausatmen …

Visualisieren · die ›Idee der Bewegung‹

Reiten mit mentaler Kontrolle: Die gewünschte Bewegung positiv vorstellen

Gutes Reiten braucht ›geistige Vorarbeit‹ und Erfahrung. Dazu gehört das ›Sehen- und Fühlen-Lernen‹ und das Entwickeln von Vorstellungsbildern. Idealbilder müssen im Kopf entstehen, mit Gefühl hinterlegt und notfalls mit zunehmender Erfahrung auch verändert werden.
Nur dann ist der Reiter in der Lage, die **Qualität seiner Ausbildungsarbeit** zu beurteilen. Und nur mit dem richtigen Vorstellungsbild von Haltung, Bewegungsrichtung und Bewegungsqualität des Systems Reiter-plus-Pferd im Kopf kann er diese Idee auch dem Pferd vermitteln. Später reicht es dann, sich die Gesamtbewegung im Raum oder die Haltung in einer Gangart positiv vorzustellen,

als ob sie schon erreicht wäre – und das Pferd führt den Gedanken aus.

Glaubensfragen

Glauben Sie an das, was Sie sich vorstellen und an die Richtigkeit Ihrer Ziele. Wenn der Reiter daran zweifelt, dass etwas funktionieren wird, wird es nicht funktionieren. Verbannen Sie Ihre Befürchtungen aus dem Kopf und schaffen Platz für das positive Bild. Auch, wenn immer wieder kleinere oder größere Fehler passieren, ist das nicht so schlimm. Suchen Sie nach Alternativen, wenn Sie sich an etwas ›festgefressen‹ haben. Schlimm ist nur, wenn Sie den Glauben an das verlieren, was Sie tun. Oder wenn Sie beginnen, etwas mit Zwangsmitteln und dauerhaftem Druck durchsetzen zu wollen.

Das richtige Timing – Abwarten, bis das Pferd bereit ist, eine Hilfe anzunehmen

Die Grundidee für effektive Hilfengebung und auch für eine Resensibilisierung ist folgende: Der Mensch gibt einen sanften Impuls in einem Moment, wo dieser sinnvoll empfangen werden kann, und ›wartet‹ darauf, dass das Pferd reagiert. Stülpt man dem Pferd eine Hilfe im falschen Moment über oder hält am Zügel gegen, entsteht meist Widerstand bzw. Spannung als erste Reaktion auf die Hilfe.

Viele Pferde reagieren auf eine Hilfe für mehr Vorwärts (oder auch auf Paraden) erst einmal, indem sie gegen die Hand drücken oder sich auf den Zügel legen. Andere beantworten eine treibende Hilfe mit einem Nach-hinten-Schlagen des Halses. Bereitet man jedoch die Übergänge und Paraden gut vor, ist es möglich, die Zügelspannung im Übergang ganz wegzunehmen und so dem Pferd den Grund für den Widerstand zu nehmen. Auch wenn es dabei erst einmal die Haltung verliert, ist das nicht schlimm. Haltung muss sowieso immer wieder neu erarbeitet werden und kann nicht festgehalten werden.

Wissen, wann man aufhören muss – Gegendruck verhindern

Zum guten Timing gehört auch, dass man wissen sollte, wann man mit einer Lektion oder einer ›Disziplinierungsmaßnahme‹ aufhören muss. Prinzipiell gilt ja sowieso immer: Jedes Signal so kurz wie möglich geben, damit das Pferd keinen Gegendruck aufbaut und sich nicht gegen die Hilfe wehrt. Wenn man gerade mit irgendeinem Problem kämpft, und sich an etwas festgebissen hat, sollte man immer einmal probehalber einfach die Spannung aus dem System nehmen: Ausatmen (Luft rauslassen), Zügel loslassen, Bein hängen lassen – und schauen, was passiert: Oft reagiert das Pferd sofort auf das Nachlassen der negativen Spannung, hört auf, sich zu wehren und lässt z.B. den Hals fallen. Danach kann man erneut an dem Problem arbeiten.

Funktionell statt formal richtig

Erst loslassen, dann vorsichtig ausrichten, in sich selbst ›hineinhorchen‹

Versuchen Sie nicht, krampfhaft etwas ›richtig‹ machen zu wollen. Lassen Sie einfach nur das Falsche – lassen Sie vor allem unnötige Spannung weg. Das ist allerdings leichter gesagt als getan.

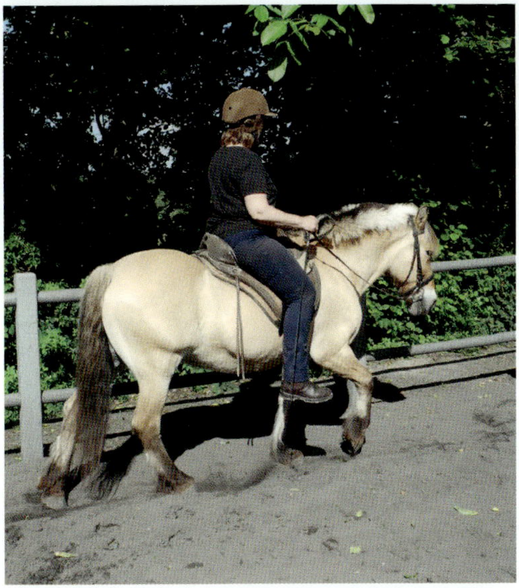

Ohne Bügel reiten, um ein Gefühl für das frei hängende Bein zu bekommen. Auf Zügelanlehnung verzichten, und versuchen, mit Energieverschiebung ›aus der Mitte‹ zu lenken.

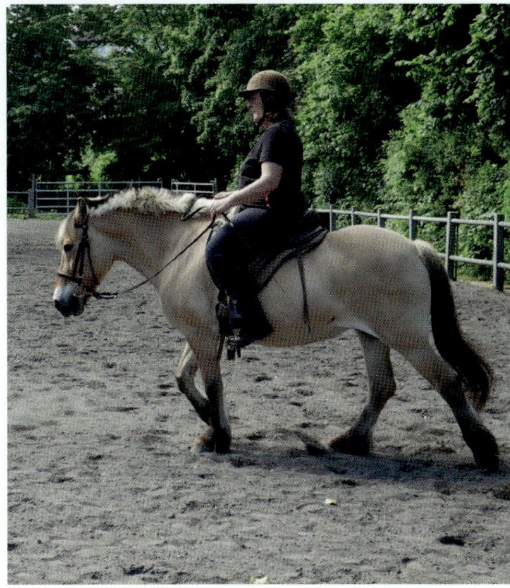

Eine falsche Idee für das Treiben und die Funktion des Bügels: Durch aktives Hereintreten mit dem Ballen in den Bügel und Bohren mit dem Absatz verkürzt sich das Bein.

Versuchen Sie, über das Gefühl ›aus der Mitte heraus‹ zu agieren. ›Scannen‹ Sie den eigenen Körper ab, spüren Sie eigenen Steifheiten und Blockaden nach, und versuchen Sie Ihre gefühlt schlechtere Seite an die bessere anzugleichen.
Und vor allem: Bleiben Sie senkrecht im Oberkörper und mittig im Sattel. Wenn Ihnen ein Bügel länger oder kürzer vorkommt, lenken Sie Ihre Aufmerksamkeit in die Beine: Hängen beide Beine locker? Drücken Sie mit einem Ballen mehr in den Bügel hinein? (was zum Absatz-Hochziehen führt ...).
Lassen Sie eine Schulter hängen oder neigen den Kopf schräg? Das führt schon zum Einknicken in der Hüfte: Verschieben Sie Energie aus der Mitte in die eingeknickte (verkürzte) Seite und machen Sie damit wieder ›lang‹. Sind beide Achselhöhlen hinten geschlossen? Hängen die Oberarme, ist die Hand balanciert getragen? Richten Sie sich selbst gerade, indem Sie diese Asymmetrien beseitigen! Erst dann können Sie gezielt aufs Pferd einwirken.

Weg von der Handorientierung

Lenkung und Tempokontrolle erfolgen aus der Mitte heraus: durch Ausrichtung des Beckens und Blickrichtung, nicht durch kräftigen Einsatz von Hand und/oder Bein.
Trainieren Sie Greif- und Festhaltereflexe ab: über mentales Training und z.B. die Übung ›Zügelkämmen‹.
Reiten Sie einhändig und versuchen Sie, mit einer Hand den guten Kontakt zum Pferd zu halten. Das hilft Ihnen, sich auf die Mitte zu konzentrieren und Ihre Energie auszurichten.

Einhändig reiten

Die meisten Reiter sind ›handorientiert‹. Da wir in unserem »normalen« Leben sehr viel mit den Händen tun, ist das normal. Nur beim Reiten funktioniert das nicht. Da sollte von ›Handsteuerung‹ auf ›Energiesteuerung aus der Körpermitte‹ umgestellt werden.

Um von der Handsteuerung und vor allem vom ziehenden inneren Zügel wegzukommen, können Sie einhändig reiten.

Ich habe immer wieder festgestellt, dass die Reiter sehr viel ausbalancierter, fokussierter und konzentrierter reiten, wenn man ihnen den zweiten Zügel wegnimmt. Die Zügelhand wird dann auf einmal getragen, der Blick geht in Bewegungsrichtung und das Becken wird automatisch richtig ausgerichtet. Das Pferd bleibt in der Längsachse gerade und nimmt die Haltung ein, die nötig ist, um das Geforderte auszuführen, denn einhändig kommt man nicht so leicht ins Ziehen.

Sinnvoll ist auch, die Zügelhand beim einhändigen Reiten zu wechseln. So mancher Rechtshänder tut sich ganz schön schwer mit der linken Hand.

Zügelkämmen

Diese Übung funktioniert nur mit einem glatten Zügel ohne Stege. Nehmen Sie die Zügel in eine Hand, so dass beide Zügel gleichlang sind und leichten Kontakt zum Pferdemaul haben. Ziehen Sie nun die Zügelhand nach oben und hinten und lassen dabei den Zügel leicht durch die Hand gleiten, ohne den Kontakt zum Maul zu verlieren. Wenn die Hand nicht mehr weiter zurück bzw.

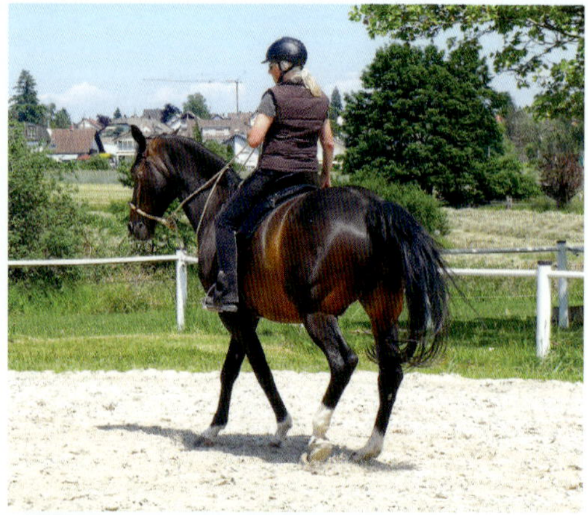

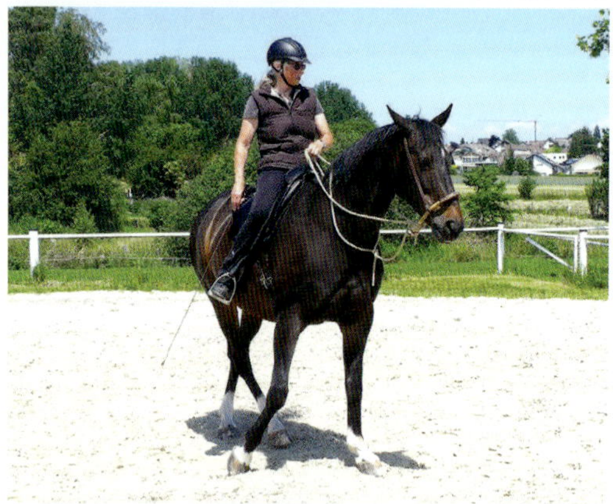

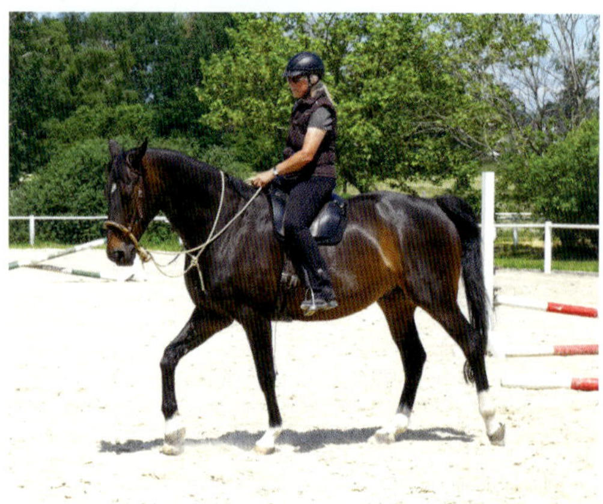

Einhändiges Reiten reduziert die Einwirkungsmöglichkeiten auf die Steuerung aus der Mitte und aus der Vorstellung.

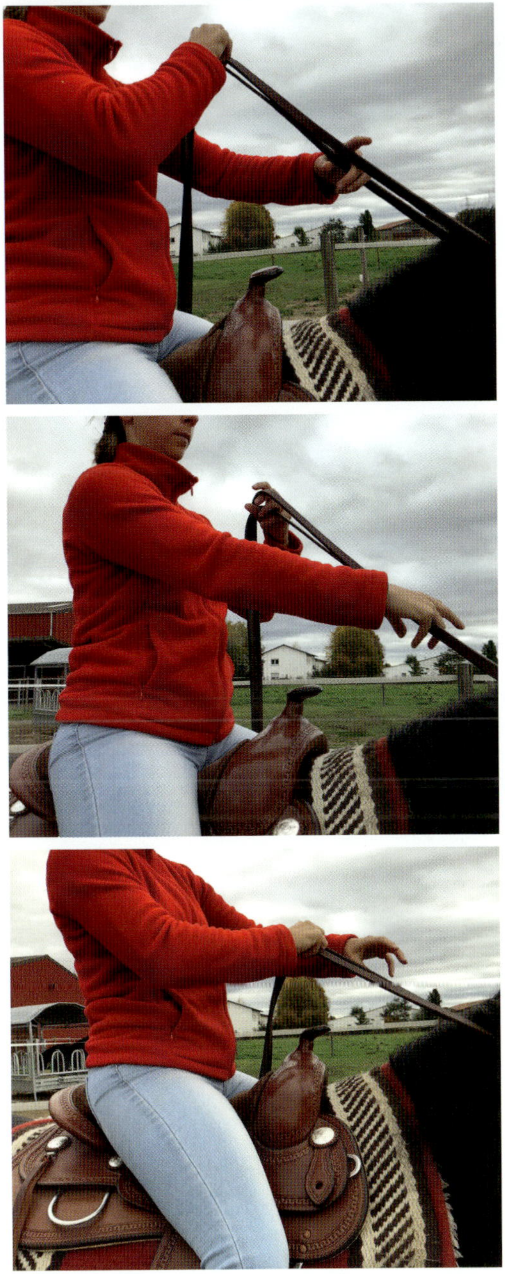

Zügelkämmen, um eine bewegliche Verbindung zum Pferdemaul herzustellen.

nach oben kann, greifen Sie mit der freien Hand von der Seite in die Zügel, lassen mit der vorigen Hand los, bewegen nun die neue Zügelhand rückwärts-aufwärts und lassen den Zügel wieder leicht durchgleiten. Das funktioniert im Schritt (und mit ein wenig Übung später auch in Trab und Galopp, in Wendungen und Übergängen). Diese Übung bringt Bewegung in einen starren Arm bzw. in eine starre Hand und konzentriert die Aufmerksamkeit des Reiters auf das gefühlvolle Kontakthalten mit losgelassenen Gelenken im Arm (was besonders der Taktreinheit im Schritt gut bekommt). Sie fördert zudem das Reiten aus der Körpermitte und das Hinschauen, wohin man reiten will. Der Reiter lässt von ganz allein das Becken los und das Bein hängen, weil er seinen Fokus auf das Zügelkämmen richtet. Der falsche, ziehende Einsatz des inneren Zügels wird damit verhindert und die Kontrolle mit Vorstellungskraft verbessert sowie das korrekte Nachgreifen der Zügel ›automatisiert‹.
Macht man das immer mal wieder, wird mit der Zeit eine Art ›Kontakt-Automatik‹ etabliert, die ohne starres Festhalten auskommt.

Orientierung im Raum und Fokussierung

Als Reiter muss ich genau wissen, wie sich das Pferd im Raum bewegt und welches Bein ich wann wohin bewegen will. Das ist besonders bei den Seitengängen wichtig.
Wenn ich nicht hinschaue, wohin ich reiten will, kann ich dem Pferd keine Richtungsvorgaben machen. Ohne Fokussierung eines Punktes, auf den ich zureite, bekomme ich keine gerade Linie hin. Und eine gebogene Vorwärts-Seitwärtsbewe-

gung erst recht nicht. Blickrichtung in Bewegungsrichtung ist also angesagt. Und ein zielgerichtetes Vordenken der Bewegung im Raum. Ohne Ziel kein Ankommen.

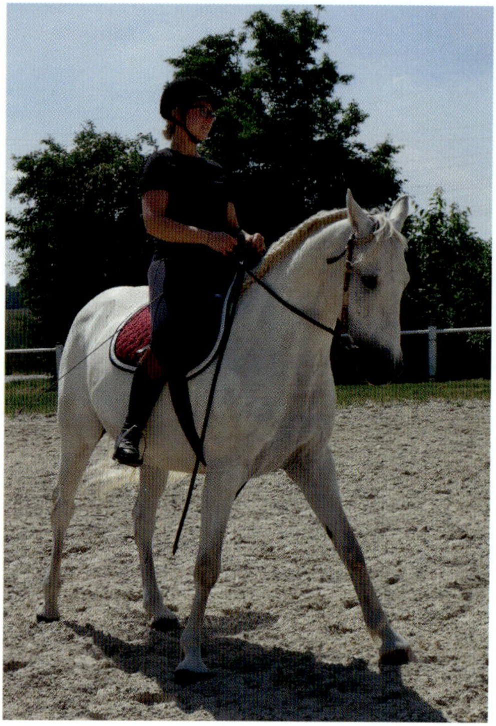

Blickrichtung in Bewegungsrichtung – hier im Kurzkehrt.

Übersicht
Konzeptionelle Fehler des Reiters:

- Bein zuviel anlegen – Außenrotation, Knie offen.
- Bein wegstrecken (oft außen in den Seitengängen).
- Zuviel in den Bügel hineintreten = heraushebeln aus dem Sitz.
- Mit dem Ballen in den Bügel treten = Knie hochziehen.
- Mit dem Absatz bohren zum Treiben = Knie hochziehen.
- Knie dauerhaft zumachen (nur zum Bremsen sinnvoll).
- Schenkel zu weit nach hinten legen.
- Mit dem Sitz treiben funktioniert nicht. Anschieben verboten: Weder mit dem Becken schieben, noch mit dem Bein ›vorwärtsdrücken‹.
- Kopf schräg legen: Beginn des Einknickens.
- Nicht in Bewegungungsrichtung schauen.
- Überdrehen im Drehsitz.
- Am inneren Zügel nach hinten ziehen.
- Arme ausstrecken, insbesondere außen.
- Hand herunterdrücken.
- Am Zügel ziehen (Gegenhalten ≠ Ziehen: Gegenhalten aus der Körperspannung, nicht mit Kraft im Arm oder Rücklage).
- Den Oberkörper als Hebel einsetzen.

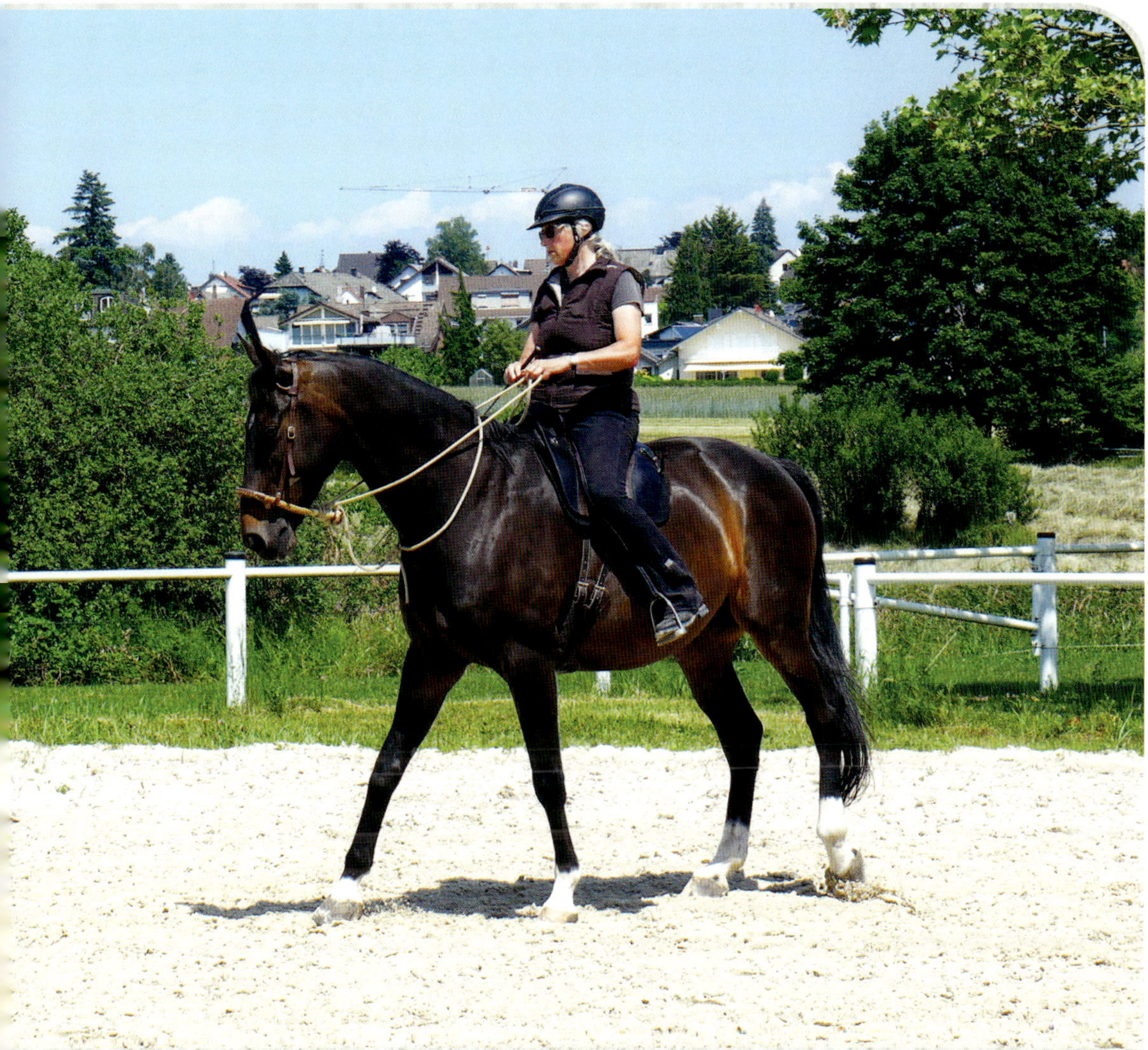

Gerittene Lektionen
im Schritt

Allgemeines zur Kontrolle von Tempo und Richtung –

Übergänge, Paraden, gebogene Linien, Lenkung/Schulterkontrolle

Viele Pferde haben Angst vor Gleichgewichtsverlust durch eine Forderung des Reiters. Insbesondere beim Durchparieren aus schnellerer Gangart weiß das untrainierte Pferd nicht, wie es sich mit dem Zusatzgewicht des Reiters am besten ausbalanciert: Es wird eine Stütze in der Hand suchen und gegen den Zügel gehen oder auf dem Zügel liegen, wenn es nicht gelernt hat, sich selbst plus den Reiter durch Hankenbeugung und Anheben der Schultern im Gleichgewicht zu halten. Vor allem dann, wenn der Reiter ihm die Stütze durch Festhalten des Zügels anbietet. Im Schritt selbst sind diese Themen zwar noch nicht bedeutend, die benötigten Fähigkeiten können jedoch entwickelt und in Ruhe geübt werden.

Deswegen ist es die wichtigste Aufgabe des Reiters, verhaltende Hilfen so zu geben, dass das Pferd in der Lage ist, sich selbst auszubalancieren. Dafür muss er ihm den Hals als Balancierstange frei lassen. Die Einwirkung am Zügel beschränkt sich auf kurze Impulse. Die eigentliche ›Bremse‹ bei der Parade erfolgt über das Kippen des Reiterbeckens, welches die Rückenbewegung des Pferdes kurz (bei der halben Parade) oder komplett (bei der ganzen Parade) hemmt. Ein ›Zumachen‹ des Reiter-Knies verstärkt das Kippen des Beckens.

Anhalten, ohne am Zügel zu ziehen – das Prinzip der Paraden

Eine Parade wird von hinten nach vorn ausgeführt. Der Zügel ist nur die letzte und schwächste Instanz in der ›Hilfenreihe‹ bei der Parade.

Das bedeutet: Das Pferd wird durch einen treibenden Impuls aufgefordert, mehr ›Vorwärts‹ (= mehr Energie) zur Verfügung zu stellen und dabei mit kurzer Zeitverzögerung durch ein Kippen des Reiterbeckens und einen verhaltenden Impuls am Zügel davon abgehalten, einfach nach vorne wegzulaufen. Nimmt das Pferd die Parade an, wird der Zügel sofort wieder spannungsarm oder lose (nachgeben). Das Pferd soll sich vor und nach der Parade (im Übergang) selbst tragen und die Hanken vermehrt beugen (sich kurz ›zusammennehmen‹ = versammeln = konzentrieren), ohne dem Reiter auf der Hand zu liegen oder dagegen zu gehen. Dieses Konzept funktioniert sowohl mit leichter Anlehnung als auch ohne Anlehnung, wie bei den barocken und Arbeits-

Wichtig bei einer Parade ist, dass sich das Pferd über Einsatz der gebeugten Hinterbeine ausbalanciert. Der Hals sollte als Balancierstange frei bleiben.

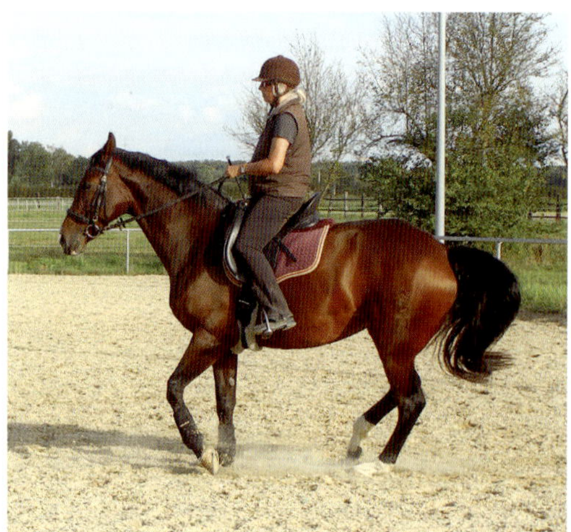

Reitweisen. Vorausgesetzt, der Reiter kann seine Beckenstellung und Zügeleinwirkung präzise steuern.

Die Parade ist keinesfalls ein einfaches Ziehen oder Festhalten am Zügel. Kraft im Arm des Reiters führt nie zu einer gelungenen Parade. Zumal bei den Kräfte- und Massenverhältnissen von Reiter und Pferd jedem reflektierten Reiter klar sein sollte, dass ein Pferd nicht mit Kraft kontrolliert werden kann. Ein Reiter von 70 kg kann ein Pferd von 600 kg weder mit Kraft im Arm anhalten, noch es in irgendeiner Weise anschieben oder mit Druck des Schenkels vorwärtsdrücken. Stattdessen kann er mit souveränem Auftreten und guter Beherrschung des eigenen Körpers dafür sorgen, dass sich das Pferd unter ihm sicher und wohlfühlt und aus diesem Grund seine Forderungen akzeptiert – einfach, weil es in seiner Natur als Herdentier liegt, sich der Führung des Ranghöheren anzuvertrauen.

Parade mit Aufwärtstendenz, gewinkelten Hinterbeinen und angehobener Schulter – durch Beckenkippen, Knie-Zumachen und kurzes ›Dichtmachen des Bewegungsrahmens‹.

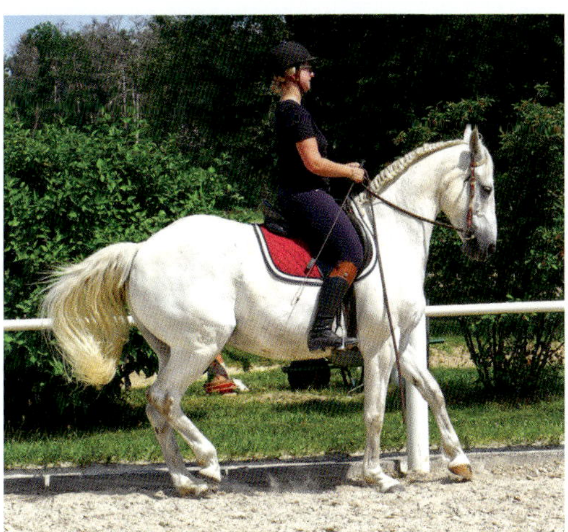

Die Parade als ein kurzfristiges ›Dichtmachen des Bewegungsrahmens‹

Gute Paraden erfolgen aus dem stabilen Oberkörper heraus, indem der Reiter die Achselhöhlen hinten mehr schließt und den ganzen Arm durch stärkeres Schließen der Faust kurzfristig versteift. Der Ellbogen bleibt dabei gewinkelt, die Hand wird weiterhin getragen. Die dabei aufgewendete Kraft im Arm beschränkt sich auf isometrische Spannung durch Schließen der Faust. Gibt das Pferd nach, so merkt der Reiter das sofort und kann durch leichtes Öffnen der Faust die Spannung aus Arm und Zügel nehmen und das Pferd damit in seiner Reaktion bestätigen. Eine weite Stellung der Zügelhände ist dabei von Vorteil und wird durch das Schließen der Achselhöhlen schon begünstigt. **Der Oberkörper muss dabei unbedingt senkrecht bleiben**, so dass auch die Gesäßknochen weiterhin senkrecht nach unten zeigen. Wird der Oberkörper nach hinten geworfen, so schiebt der Reiter damit das Pferd auf die Schulter.

Richtlinien für Übergänge – Das Prinzip der Energieerhöhung

Übergänge sind Prozesse und dürfen keine statischen Elemente beinhalten – wie z.B. die Idee des Festhaltens über den Zügel. Das Pferd sollte in die jeweils neue Gangart bzw. das veränderte Tempo ›hineingleiten‹, ohne die Haltung und den Takt zu verlieren.

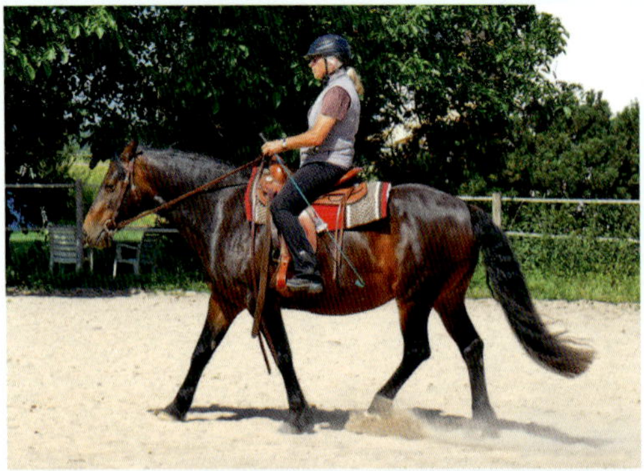

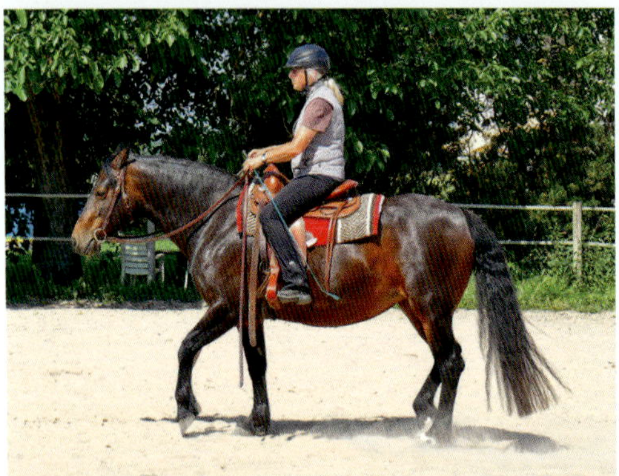

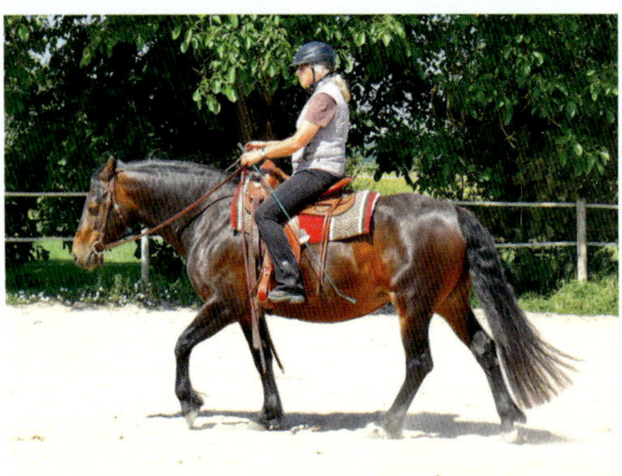

Parade vom Trab zum Schritt, ohne dass das Pferd sich auf den Zügel legen kann. Der Hals ist als Balancierstange frei.
oben: kurzes Kippen des Beckens und Annehmen des Zügels im Trab.
mitte: Das Pferd hält inne – der Zügel wird lose, das Becken wieder senkrecht.
unten: Aktives Weiterreiten im Schritt.

Korrekte ›Selbsthaltung‹ des Pferdes vor einem Übergang ist Voraussetzung für das Gelingen des Übergangs. Umgekehrt verbessert jeder gute Übergang Balance und Haltung des Pferdes immer weiter.

Jeder Übergang wird durch halbe Paraden vorbereitet. Zudem muss das Pferd Energie zur Verfügung stellen. Genauer gesagt: deutlich mehr Energie, als für die Bewegung/Gangart vor dem Übergang. Mehr Energie braucht man nicht nur für die Übergänge nach oben, sondern auch und ganz besonders für die nach unten. Vor einem Übergang aus dem Trab zum Schritt beispielsweise muss die Aktivität aus der Hinterhand erhöht werden. Das Pferd wird mit treibenden Impulsen aufgefordert, mehr vorwärtszugehen und dann mit halben Paraden immer wieder zum kurzen ›Innehalten‹ aufgefordert. Nach dem gleichen Prinzip arbeitet man, wenn man das Pferd versammeln will. Die Vorwärtsbewegung wird vermehrt nach oben ausgerichtet. Schulter und Rumpf werden angehoben, die Gelenke in den Hinterbeinen vermehrt gebeugt. Das ist anstrengend fürs Pferd. Und es wird froh sein, wenn es in den Schritt ›entlassen‹ wird.

Für einen **Übergang nach oben**, z.B. vom Schritt zum Trab, gilt selbstverständlich auch **das Prinzip der Energieerhöhung**. Dazu gibt es zwei Möglichkeiten: 1. Man reitet den Schritt in freier Haltung mehr vorwärts, raumgreifender, verlängert also die Tritte. Dabei muss jedoch das Pferd im Genick nachgeben, sonst blockiert es dort den Energiefluss (für unerfahrenere Pferde geeignet).

2. Man versammelt den Schritt, reitet also mit mehr Energie langsamer, richtet die Energie mehr nach oben aus (eher für fortgeschrittene Pferde geeignet). Auch hier muss man darauf achten, das Genick weich und nachgiebig zu behalten. Beides tut man, bis es dem Pferd zu anstrengend wird und es auf einen minimalen Impuls in den Trab hineingleitet, praktisch nur darauf wartet, traben zu dürfen (weil der Trab in diesem Moment weniger anstrengend ist als der ›hochenergetische‹ Schritt).
Diesen Augenblick, in dem das Pferd bereit ist für den Übergang, muss der Reiter erspüren. Das kann er allerdings nicht, wenn er zu viel ›ackert‹ und falsche Spannung in der Bewegungsmuskulatur hat (siehe Losgelassenheit).

Position vor Aktion – gute Vorbereitung ist der halbe Übergang

Bringen Sie das Pferd durch Anweisen einer geeigneten Haltung in eine für den Übergang geeignete Balance, bevor Sie diesen fordern.
Ein Beispiel: Vor einer Parade zum Halten sollte das Gleichgewicht und die Selbsthaltung des Pferdes verbessert werden, indem man Schulter und Hals etwas anhebt. Dadurch entlastet es die Vorhand, was zu einer besseren Qualität des Anhaltens führt. Das gilt zwar im Besonderen für die schwunghaften Gangarten Trab und Galopp, ist jedoch auch bei einer Parade vom Schritt zum Halten von Bedeutung, damit das Pferd im Halten nicht sofort auf der Schulter hängt. Vor allem für das **Antreten aus dem Halten** ist es notwendig, die Pferdeschulter oben zu behalten, so dass das Pferd sich vorwärts-aufwärts mit aktivem Vortreten der Hinterhand in Bewegung setzt und sich nicht über die Vorderbeine ›nach vorne zieht‹.

Hände weg im Übergang

Damit das Pferd sich im Übergang ungestört selbst ausbalancieren kann, gilt die Prämisse: Hand weg im Übergang – keine Störung durch einen festgehaltenen Zügel.
Pferd und Reiter müssen jeder für sich selbst die Balance halten, ohne sich beim jeweils anderen abzustützen.
In den Gangarten wird durch halbe Paraden korrekte (Selbst-)Haltung hergestellt und dem Pferd vor dem Übergang eine geeignete Position mit angehobener Schulter und aktiver (möglichst gebeugter) Hinterhand zugewiesen. Kurz: Es wird etwas versammelt, die Gangart wird in Ordnung gebracht. Im eigentlichen Übergang nach oben und nach unten wird dann der Zügel losgelassen – auch wenn das Pferd dabei kurzfristig ›aus der Haltung fällt‹.
Das ist gewöhnungsbedürftig und braucht etwas Vertrauen in die eigene Körpersprache und in die Reaktionsbereitschaft des Pferdes (siehe auch Übergänge aus dem Leichttraben).

Es gilt dabei: **Entspannung vor Kraft.** Verlangen Sie niemals von einem verspannten Pferd kraftvolle Aktionen. Das Pferd soll erst Kraft aufwenden, wenn es mit losgelassenen Gelenken und in freier Balance zu einer gewünschten Bewegung oder Haltung in der Lage ist. Nur dann kann Leichtigkeit in den Übergängen entstehen.
Der Schritt ist die ideale Gangart, um die feinen Übergänge zu erarbeiten, bis Gehorsam und Los-

gelassenheit so weit fortgeschritten sind, dass man sie mit in höhere Gangarten nehmen kann.

Manche Dinge erledigen sich von allein, wenn die Voraussetzungen stimmen

Das gilt auch für die Korrektur von Fehlhaltungen. Wir müssen das Pferd davon abbringen, sich auf die Hand zu legen, sich hinter dem Zügel zu verkriechen oder den Unterhals herauszudrücken bzw. gegen den Zügel zu gehen. Die korrekte ›Haltung‹ in einem Übergang kommt allerdings immer zum Schluss und ergibt sich aus dem richtigen Konzept und der richtigen Ausführung. Erst müssen Hinterhandeinsatz, Schulterfreiheit und Balance stimmen, dann kann an der korrekten Haltung gearbeitet werden.

Bewegungsvielfalt durch Übergänge und Seitengänge

Das Reiten in ein und derselben Haltung, Runde um Runde, ist fatal für Geschmeidigkeit und Reaktionsbereitschaft. Die Belastung geht einförmig auf die Vorhand und den passiven, faszialen Halteapparat, weil das Pferd sich nicht ständig neu ausbalancieren muss. Die Körperfaszien passen sich an diese Position an, was eine vermehrte Tragfähigkeit der Hinterhand und Schulterfreiheit erschwert. Besser ist es, durch Mobilisierung und ständige Änderung von Gangart, Tempo und Richtung das Pferd aufmerksam zu erhalten. Fordern Sie wechselnde Hals- und Körperhaltungen in kurzen Reprisen: Aufrichtung mit hoher Aktivität und Energie im Wechsel mit (relativer) Entspannung mit gedehntem (trotzdem frei getragenem) Hals und Rücken, ohne dass das Pferd dabei auf der Schulter hängt oder sich einrollt. Rückwärts-Vorwärts-Übergänge und Seitengänge mit wechselnder Stellung und Biegung sind dafür gut geeignet.

Das Zauberwort heißt ›Bewegungsvielfalt‹. Lassen Sie das Pferd nicht ohne Haltungsänderung ›vor sich hin schusseln‹, sondern wechseln Sie ständig Haltung und Energieentwicklung, um das Pferd interessiert und reaktiv zu halten. Streuen Sie Trailübungen und Stangenarbeit ein, damit es nicht langweilig wird. Ein so gerittenes Pferd wird es Ihnen mit Gesundheit und langer Leistungsfähigkeit danken.

Aktiv in die neue Gangart hineinreiten ohne widersprüchliche Signale

Das Pferd soll weich in die neue Gangart hineingleiten – mit beweglichem Genick, freier Schulter

Vor einem Übergang zum Schritt muss der Trab ›in Ordnung‹ sein: mit Energie, freiem Rücken und ohne dass das Pferd auf der Hand liegt. Andernfalls kommt eine Parade nicht durch.

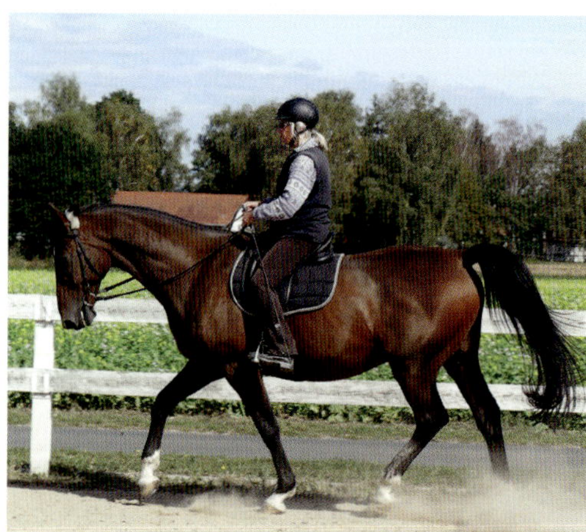

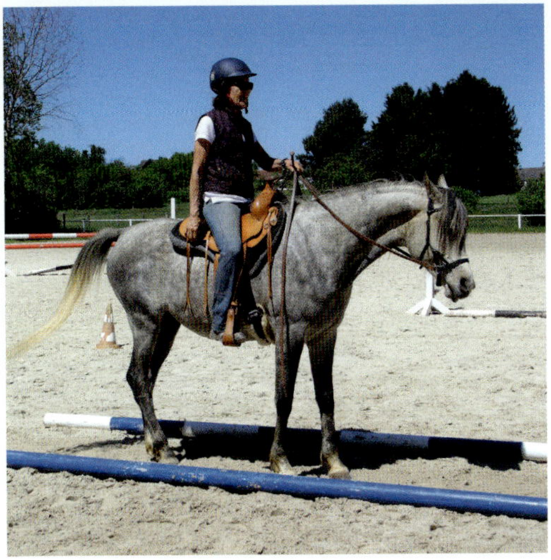

Bringen Sie Abwechslung und Bewegungsvielfalt in die Arbeit.

und gebeugten Hinterbeinen. Der Motor für den Übergang ist hinten. D. h. jeder Übergang beginnt mit Energie / Schub / Impulsion von hinten (das Prinzip der Energieerhöhung).

Die meisten Reiter werden deutlich aktiv, wenn sie schneller reiten wollen – also z.B. aus dem Schritt antraben. Bisweilen neutralisieren sie aber ungewollt ihre treibende Hilfe teilweise, indem sie die (meist innere) Hand beim Antraben oder Angaloppieren zurückziehen. So bekommen sie nicht die volle Energie des Pferdes. Hier muss oberste Priorität sein, das Pferd im eigentlichen Übergang keinesfalls mit dem Zügel zu ›belästigen‹.

Doch auch ein **Übergang nach unten**, z.B. vom Trab zum Schritt, **muss aktiv geritten werden**. Der Reiter darf nicht einfach ›aufhören, zu traben‹, sondern denkt an das kurze Innehalten und dann an fleißigen Schritt. Dabei schaut er nach vorne in Bewegungsrichtung, sobald das Pferd den Schritt aufgenommen hat (und nicht dem Pferd auf den Hals)! Das Herunterschauen auf den Hals des Pferdes nimmt bis zu 30 Prozent der Vorwärts-Energie weg, weil der Reiter dem Pferd keine Richtung vorgibt. Und weil das Herunterschauen und Kopf-Hängen-Lassen schon der Beginn des Beugemusters im Reiterkörper ist – mit einer die Bewegung hemmenden Beckenstellung.

Bewegungsfluss erhalten: Reaktion testen und rechtzeitig loslassen

Bereiten Sie den Übergang nach unten durch ›Antesten‹ mit halben Paraden vor, und schauen Sie, ob das Pferd willig auf die Aufforderung »Gib mir mehr Energie« reagiert, ohne davonzulaufen, sich zu wehren oder das Genick festzumachen. Die Idee ist: Man versammelt das Pferd kurz im Trab, so dass es sich mehr anstrengen muss und erlaubt ihm dann, den Schritt aufzunehmen.

Im Augenblick des Übergangs muss man den Zügel loslassen und das gekippte Becken wieder in die senkrechte Position stellen, so dass sich der Pferderücken frei bewegen kann. Viele Reiter geben nicht genug am Zügel nach, verharren in der blockierenden Beckenstellung oder versuchen, das Pferd mit dem Schenkel oder Sporen vorwärtszudrücken bzw. mit dem Sitz anzuschieben. All dies taugt nicht zum Treiben, sondern hemmt die Rückenbewegung und das Pferd stockt dann im Übergang.

Der ›lockere‹ Einsatz der Gerte bei senkrecht gestelltem Becken, hängendem Bein und mit angehobenem Kopf in Bewegungsrichtung schauen, sind die Mittel der Wahl, um den Bewegungsfluss zu erhalten.

Stabilität und Beweglichkeit des Reiters in den Übergängen

Isometrische Spannung schränkt Bewegung ein, darf also nicht vorhanden sein, wenn Bewegung gefordert ist. Nötig und richtig ist sie jedoch, wenn es um die Stabilisierung des Rumpfes geht. Die Stabilität des aufgerichteten Oberkörpers darf allerdings die Beweglichkeit im Becken und in den Extremitäten nicht beeinträchtigen. Ein dauerhaft festgestelltes Becken des Reiters, wie es zum Beispiel Rücklage, Spalt- oder Stuhlsitz mit sich bringen, schränkt die Beweglichkeit im System, insbesondere die Rückenbewegung des Pferdes, stark ein und macht Übergänge nach unten stockend und kopflastig.

Für die **Übergänge nach unten** (in den Schritt hinein) bedeutet das: In der Parade hemmt der Reiter durch kurzfristiges ›Feststellen‹ seiner Gelenke (Federung im Bein durch Zumachen der Knie unterbrochen, Becken in blockierende Stellung gekippt, Gelenke im Arm durch ganz kurzes festes Zumachen der Faust kurz versteift) die Bewegung. Im eigentlichen Übergang müssen die Bewegungsmuskulatur und die Gelenke wieder losgelassen werden, damit keine Stockung im Bewegungsablauf auftritt.
Für die **Übergänge nach oben** heißt das: Das Pferd darf keinesfalls mit schiebendem Sitz und bohrenden Absatz/Sporen in eine Verstärkung oder einen Gangartenwechsel nach oben ›hineingedrückt‹ werden, weil eine solche Einwirkung Becken und Gelenke im Reiterkörper versteifen würde und deswegen eine die Bewegung hemmende Wirkung hat. Stattdessen muss die Energie im Pferd in seinem vorigen Tempo bzw. der vorigen Gangart bei guter Durchlässigkeit (Übertragung der Aktivität aus der Hinterhand über den Rücken), angehobener Schulter und frei getragenem Hals erhöht werden. (Die Gangart muss ›in Ordnung gebracht‹ und ›mit Energie aufgeladen‹ werden.)

Wichtig: Der Motor für alle Veränderungen ist hinten – sowohl für das ›Vorwärts‹ als auch für das ›Bremsen‹. Schulter- und Halsfreiheit des Pferdes dürfen nicht durch einen zu strammen Zügel bzw. durch zu langes Annehmen des Zügels behindert werden.

Übergänge aus dem Schritt und in den Schritt

Anhalten und Antreten

Antreten aus dem Halten und Anhalten aus dem Schritt ist das Grundgerüst, auf dem alle Übergänge aufbauen. Mit den allgemeinen Richtlinien zu Paraden und Übergängen sowie der Reaktion auf feine Hilfen im ersten Teil des Kapitels sollte der Leser eine Idee davon bekommen haben, dass ein kräftiges Zudrücken mit dem Schenkel das Pferd nicht in Bewegung setzt und ein kräftiges Ziehen am Zügel es nicht anhält.
Überfallen Sie das Pferd also nicht mit ›schwerem Geschütz‹, wenn Sie im Schritt anreiten wollen, sondern stellen Sie sich vor, Sie sind schon im Schritt und geben einen leichten Impuls mit dem Schenkel oder der Gerte. Sagen Sie die Gangart an, richten Sie die Energie und schauen Sie hin, wohin Sie reiten wollen. Wollen Sie anhalten,

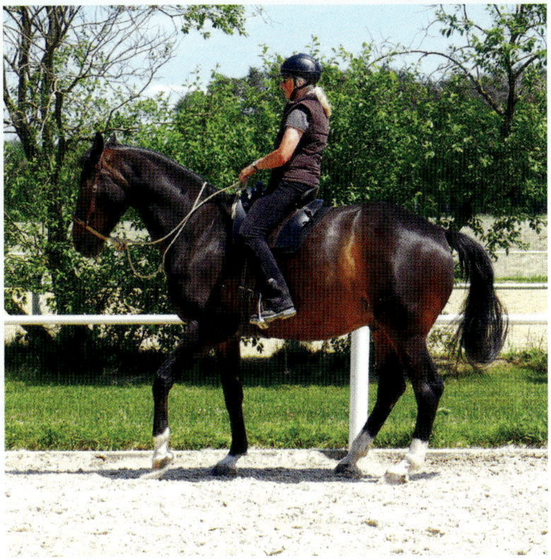

Energie und Reaktionsbereitschaft ins Pferd bringen – z.B. durch Rückwärts-Vorwärts-Übergänge

geben Sie ein verbales Kommando, kippen das Becken und geben einen eher nach oben gerichteten Zügelimpuls, der bei Bedarf wiederholt wird. Stellen Sie sich dabei das stehende Pferd vor.

Tempowechsel im Schritt Mittelschritt, starker Schritt und versammelter Schritt
Hier kommt es auf gute Energiesteuerung aus der Mitte (siehe vorausgegangene Abschnitte) an. Voraussetzung ist, dass das Pferd fein auf leichte treibende und verhaltende Signale reagiert. Dann können Tempounterschiede nur mit Gedankenkraft geritten werden; der Zügel kontrolliert nur, ob das Genick weich ist.

Versammeln im Schritt

Versammlung bedeutet, **mit hoher Energie langsam zu reiten**. Die ›Vorwärtsenergie‹, die das Pferd mit Vortreten der Hinterbeine erzeugt (›Schubkraft), wird durch begrenzende Impulse am (meist äußeren) Zügel umgelenkt nach oben (Einfangen des Tempos). Das Pferd beginnt, im Beugegang zu arbeiten und die Hanken stärker zu winkeln (vergleichbar mit Kniebeugen beim Menschen). Das ist anstrengend und kostet Kraft, deswegen darf diese Arbeit immer nur kurz und erst nach Abarbeiten der Grundlagen (Kraftentwicklung, Kondition, Balance, Takt und Reaktion auf feine Signale) vom Pferd gefordert werden. Wird das richtig gemacht, kommt der Pferderücken nach oben und wird stabiler. Gleichzeitig wird das Pferd, das mit gebeugten Gelenken arbeitet, für den Reiter bequemer. (Ein falsch versammeltes Pferd, welches mit viel Handeinwirkung aufgerichtet und langsam gemacht wird, arbeitet mit fester, nach unten gedrückter Schulter und mit steifen Gelenken in den Hinterbeinen und lässt den Reiter schlecht sitzen).
Mit **mehr Präsenz** und einer **Energieerhöhung** ›aus der Mitte‹ (Vorstellung der Ausdehnung der ›Energiekugel‹) im versammelten Schritt bei vorsichtigen verhaltenden Zügelimpulsen kann später das **Anpiaffieren** vorbereitet werden.
Voraussetzung ist, dass das Pferd gelernt hat, auf minimalen Impuls mehr Energie zur Verfügung zu stellen und dass es schon genug Kraft in den Hinterbeinen hat, um mit Hankenbeugung zu gehen. (Rückwärts-Vorwärts-Übergänge sind eine gute Vorübung).

Trab-Schritt-Übergänge:

Antraben aus dem Schritt durch Energieverschiebung. Zügel lose. Der Schritt muss vorher in

Ordnung sein, d.h. in korrekter Haltung mit freier Schulter und nachgiebigem Genick

Parade aus dem Trab zum Schritt nur durch Beckenkippen und ›Kniezumachen‹ und ggf. kurzen Zügelimpuls (eher aufwärts gerichtet. Gekipptes Becken und Zügel schnell wieder loslassen, sonst stockt das Pferd im Übergang.

Oft ist ein Übergang aus dem Trab zum Halten einfacher als der zum Schritt, weil zum Schritt die verhaltenden Hilfen besser dosiert eingesetzt werden müssen.

Schritt–Leichttraben und Leichttraben–Schritt

Den Rücken freigeben und das Pferd davon abhalten, sich gegen den Zügel zu wehren.
Erst einsitzen, wenn das Pferd im Schritt ist.

Manche Pferde drücken in jedem Übergang den Unterhals heraus oder kommen über den Zügel. Die Schulter ist tief, die Kruppe hoch, der Unterhals deutlich zu sehen, das Genick fest, die Hinterbeine steif und der Rücken fällt nach unten durch. Bisweilen kann man das im Übergang nicht verhindern, wenn man nicht zu hart mit der Hand einwirken will. Man kann jedoch die Gangart vor dem Übergang so in Ordnung bringen, dass der Übergang ohne Handeinwirkung ausgeführt werden kann. Wenn das Pferd vorher in Selbsthaltung geht, kann es hauptsächlich mit ›Energieverschiebung‹ und Stimme durchpariert (oder auch angetrabt) werden. Die korrekte Haltung im Übergang stellt sich dann mit der Zeit von selbst ein, wenn das Pferd sich nicht vom Zügel gestört fühlt.

Beispiel Trab-Schritt: Den Trab mit frei getragenem, langem Hals reiten (Nase vor der Senkrechten, aber nicht in die Tiefe, damit die Schulter oben bleibt). Der Rücken muss oben sein und die Energie durchlassen, die Hinterhand aktiv vortreten. Wenn das im Aussitzen nicht gelingt, dann kann man einen Übergang in den Schritt durchaus auch aus dem Leichttraben reiten (siehe unten).

Im Trab erhöht man vor dem Übergang die Energie und pariert immer wieder probehalber an, um die Reaktion des Pferdes (in Form eines kurzen Innehaltens) zu testen. Wenn das funktioniert, stellt man sich den Schritt vor, ›bremst‹ noch mal kurz an und gibt dann ein Stimmkommando für Schritt. Wer leicht trabt, trabt weiter leicht, bis das Pferd ›Schritt‹ signalisiert, sitzt dann erst ein und lässt im Übergang den Zügel ganz lose. Egal, wo das Pferd seinen Hals hinstreckt. Erste Priorität ist der Übergang, ohne dass das Pferd gegen die Hand geht und dabei den Rücken wegdrückt. Die Haltung kommt später. Am immer noch losen Zügel treibt man jetzt das Pferd in einen geregelten Schritt, bis man das Gefühl hat, es nimmt einen wieder über den Rücken mit in die Bewegung – am besten mit leichten Gertenimpulsen, damit man nicht ins Zudrücken mit dem Schenkel oder Schieben mit dem Sitz kommt. Dann stellt man die Haltung im Schritt her, indem man langsam Kontakt zum Maul aufnimmt und dabei aufpasst, dass das Pferd von hinten genug vortritt, d.h. Energie liefert. Stimmt alles im Schritt, erhöht man die Energie und lässt das Pferd – wieder ohne Zügelkontakt – in den Trab gleiten.

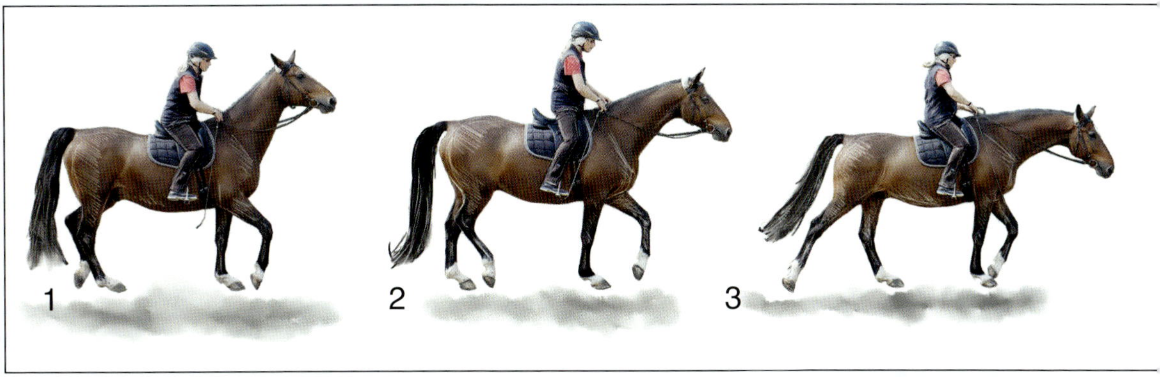

Parade vom Leichttraben zum Schritt ohne Zügeleinwirkung. Auf Bild 1 streckt das Pferd die Nase in die Luft und drückt den Rücken weg. Es findet keinen Widerstand und entspannt den Hals (Bild 2), balanciert sich aus und nimmt dann mit gedehntem Hals den Schritt auf (Bild 3). Das ist natürlich eine vorübergehende Vorgehensweise, um Gegendruck des Pferdes bei Paraden zu vermeiden. Wichtig ist bei dieser Vorgehensweise, keinesfalls im Trab auszusitzen und den Rücken zu belasten. In dieser Haltung mit weggedrücktem Rücken kann erstens der Reiter nicht sitzen und zweitens bekommt es in diesem Zustand weder dem Pferde- noch dem Reiterrücken, wenn er es versucht. Beide kommen damit in ein dysfunktionales Gegeneinander-Arbeiten – d.h. in die Verspannung.

Egal, was es mit dem Hals macht! Nach ein paar Trabtritten nimmt man dann wieder Kontakt zum Maul auf und stellt Haltung her. Wenn das Pferd ein paar Mal so zwischen Schritt und Trab gewechselt hat, wird es keinen Grund mehr sehen, den Hals in die Luft zu strecken, denn es bekommt keinen Widerstand, gegen den es ankämpfen muss, wenn die Hand nicht festhält. **Das Pferd wird damit gezwungen, sich selbst auszubalancieren.**

Der Reiter muss es allerdings aushalten, dass das optisch schlecht aussieht. Das gibt sich nach wenigen Übungseinheiten.

Übergang Trab-Schritt aus dem Leichttraben

Will man aus dem Leichttraben in den Schritt durchparieren, muss der Trab bis zum Schluss aktiv geritten werden, d.h. der Reiter bringt sein Becken aktiv nach vorne und öffnet den Hüftwinkel so weit wie möglich beim Aufstehen. Dabei kann man sich vorstellen, Schulter und Rücken des Pferdes mit nach oben zu ziehen, als ob beide mit einem unsichtbaren Band an den Gesäßknochen befestigt wären. Auch im Leichttraben wird das Pferd durch wiederholte halbe Paraden versammelt. Pferde, die der Einwirkung davonlaufen, bringt man auf einen engeren Zirkel oder eine Volte.

Irgendwann wird dem Pferd die Versammlung zu anstrengend, so dass es froh ist, wenn es Schritt gehen darf. In dem Moment bleibt der Reiter sitzen und lässt das Becken und den Zügel los, um das Pferd im Schritt wieder frei vorwärtsgehen zu lassen. Falls das Pferd stocken sollte, hilft ein Gertenimpuls, es wieder vorwärtszuschicken. Erst, wenn der Schritt stockungsfrei ist, wird erneut Haltung gefordert.

Einsitzen mit leicht aus der Hüfte vorgenommenem Oberkörper, um nicht hinter die Bewegung zu geraten.

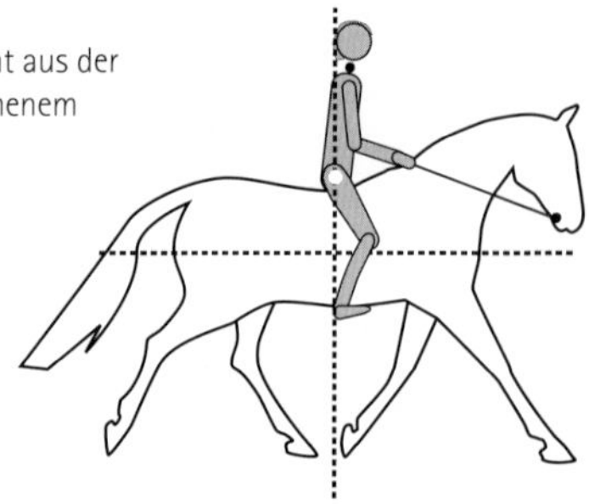

Aufstehen mit geöffnetem Hüftwinkel nach vorne-oben.

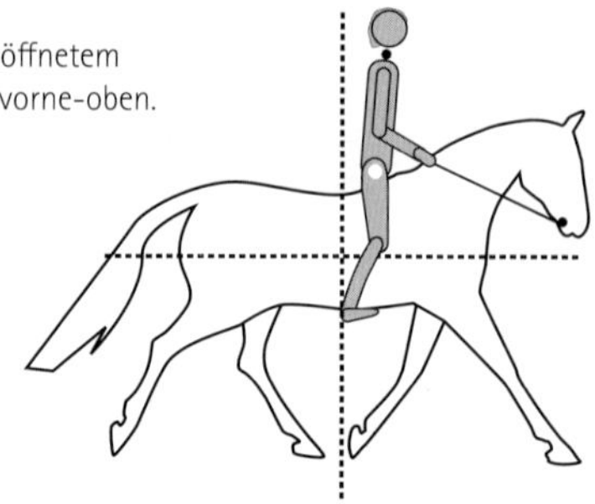

Ein Wort zur effektiven ›Leichttrabmechanik‹ mit positiver Energieentwicklung nach vorne-oben

Häufig sieht man ein Leichttraben, das nichts Leichtes hat: Der Reiter stemmt sich mit Hohlkreuz aus dem Bügel hoch und kommt beim Einsitzen hinter die Bewegung. Oder er macht einen Buckel und lässt sich vom Pferd mitziehen.
Stimmt die Technik nicht, muss sich der Reiter beim Leichttraben mit dem begnügen, was das Pferd ihm anbietet. Das langsame Pferd ist schwer in Gang zu bringen, das schnelle Pferd schwer zu bremsen ...
Um Tempo und Rückenbewegung des Pferdes im Leichttraben beeinflussen zu können, sollte der Reiter seine eigene Energie beim Aufstehen und Setzen dosiert einsetzen können. Zu ›schnelle‹ Pferde kann man dabei durch betontes Ausatmen beim Einsitzen, etwas verzögertes Aufstehen und Energieverschiebung nach hinten bremsen, ›langsame‹ durch Betonung des Aufstehens nach vorn-oben und Energieverschiebung nach vorne beschleunigen. Diese Energieverschiebung im Leichttraben durch den Reiter bremst und treibt effektiver als Zügel- und Schenkelimpulse und bringt das Pferd dazu, sich immer wieder alleine auszubalancieren, ohne eine Stütze in der Hand zu suchen.

Funktionelles Leichttraben mit Energie-Richtung nach vorn-oben kann man auf dem stehenden Pferd üben – und auch im Schritt.
Stellen Sie sich vor, dass Sie, wie beim Losrennen am Boden, aus dem leicht gebeugten Knie Ihr Becken nach vorne-oben über den Vorderzwiesel des Sattels bringen. Der Oberkörper und die Schultern bleiben dabei einfach gerade über dem Becken. Der Oberkörper ist vorne und hinten gleich lang – also ohne Hohlkreuz oder Buckel. Der Oberschenkel muss dabei hinten bleiben, das Knie tief. Ist das Bein zu weit vorne und der Reiter gibt Druck nach vorne in den Bügel, bekommt er sein Becken nicht nach vorne-oben. (Im Stehen und auch im Schritt – wenn er den Schwung des Pferdes nicht nutzen kann, wie im Trab – kommt der Reiter gar nicht hoch, wenn die Ausgangsposition im Sitz nicht stimmt!)
Wenn Sie sich wieder setzen, schließen sich nur die Winkel in Hüfte, Knie und Fußgelenk sowie im Ellbogengelenk. Die Hand bleibt getragen. Beim

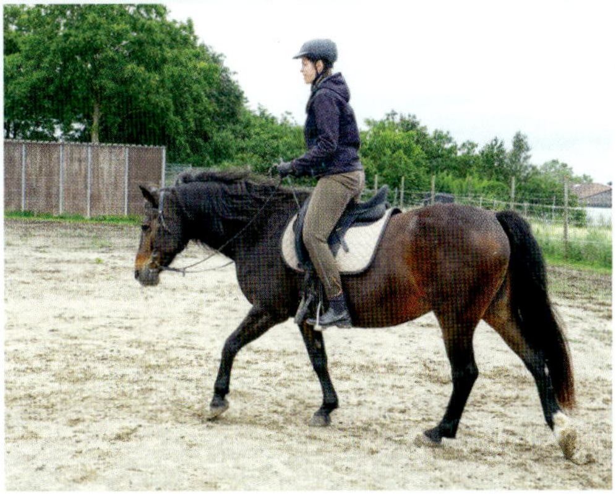

Das richtige Leichttraben im Schritt üben: Wenn die Idee und Energieentwicklung nicht stimmen und der Reiter den Balancepunkt vorne-oben nicht erreicht, funktioniert das Aufstehen aus dem Knie nicht und der Reiter kann nicht ›oben bleiben‹.

Einsitzen bleibt der Oberkörper leicht vor der Senkrechten.

Der Unterschenkel bleibt beim Aufstehen und Setzen in der gleichen Lage. Der Impuls zum Aufstehen kommt aus dem Knie des Reiters, nicht aus dem Bügel. Der Reiter stemmt sich also nicht mit vermehrtem Druck aus dem Bügel noch. Wenn die Mechanik stimmt, arbeitet der vordere Oberschenkelmuskel und das kann auch mal Muskelkater geben, wenn der Reiter diese Technik übt. Wenn er es beherrscht macht es das Leichttraben deutlich ausbalancierter, leichter und deutlich stabiler. Und vor allem: Die Hände sind völlig frei für differenzierte Hilfen mit dem Zügel.

Trab-Schritt-Übergänge für Reiter, die Probleme mit dem Aussitzen haben:

Üben Sie Schritt-Trab-Schritt-Übergänge **ohne Bügel und ohne Zügelkontakt** mit jeweils nur ganz wenigen Tritten Trab – nur mit Stimme, minimalen Impulsen und Energieverschiebung aus der Bauchmitte. Atmen Sie beim Übergang zum Schritt bewusst aus. Visualisieren Sie die jeweilige Gangart, als wäre sie schon erreicht. Stabilisieren Sie Ihren Oberkörper durch Schließen der Achselhöhlen. Achten Sie auf ein hängendes Bein in leichter Innenrotation und ein senkrecht stehendes Becken (mit Ausnahme des kurzen Moments im Übergang in den Schritt).

Übergänge für Fortgeschrittene in den Seitengängen

Auch im Schenkelweichen, Schulterherein und Travers können Sie Übergänge reiten (siehe auch Kapitel über die Seitengänge). In diesem Buch beschränken wir uns auf die einfacheren: **Schritt-Halten und Trab-Schritt sowie auch Trab-Schritt-Halten-Schritt-Trab.**

Halten Sie z.B. aus dem Schulterherein an und lassen das Pferd dann wieder in der gleichen Abstellung vorwärts-seitwärts antreten. Dazu ist es besonders wichtig, die Orientierung im Raum zu behalten (Visualisieren der Bewegung im Raum) und die Energie in Bewegungsrichtung zu verschieben. Stellen Sie sich vor, Ihre Hüfte und Ihr Knie zeigen auf die gedachte Bewegungslinie. Genauso funktioniert das mit den Trab-Schritt-Übergängen. Behalten Sie das Prinzip der Energieerhöhung bei den Übergängen, der impulshaften Hilfen und der prompten Reaktion auf feine Hilfen im Kopf – und jeder Übergang lässt sich auch in der Seitwärtsbewegung ausführen. Sie sollten jedoch nicht gerade mit dem Travers beginnen, sondern eher mit einem einfachen Schenkelweichen.

Galopp-Schritt-Übergänge

Die Galopp-Schritt-Übergänge werden hier nicht ausführlich behandelt, denn sie sind Haupt-Thema des dritten Buches in der Reihe. Der Vollständigkeit halber will ich sie hier jedoch kurz anreißen.

Angaloppieren aus dem Schritt

So mancher Reiter hält das Angaloppieren aus dem Schritt für eine weit fortgeschrittene Übung. Prinzipiell ist es jedoch viel sinnvoller, aus dem Schritt kontrolliert anzugaloppieren, als das Pferd aus dem Trab in den Galopp hineinzujagen, wie man es bisweilen sieht, wenn der Galopp noch nicht gut funktioniert.

Ich persönlich plädiere bei allen Problemen mit dem Galopp dafür, diese Gangart unter dem Reiter auszusetzen, bis das Gleichgewicht und die Kraft im Schritt und Trab entwickelt sind. Bei Boden-, Hand- und Longenarbeit kann man dem (jungen) Pferd helfen, das Gleichgewicht auch in engeren Wendungen zu halten.

Beim Angaloppieren aus dem Schritt kann sich der Reiter in aller Ruhe sortieren und den ersten Galoppsprung visualisieren. Er stellt sich vor, dass das Pferd mit angehobener Schulter nach vorn-oben anspringt. Er selbst sollte senkrecht bleiben und nicht ›vor dem Pferd galoppieren‹, d.h. mit Oberkörper nach vorne fallen oder rudern. Wichtig ist, im Anspringen mit der inneren Hand vorzugehen und dem Pferd damit die innere Schulter freizugeben.

In Kürze: Innere Hüfte vor, innerer Zügel gibt Luft, Oberkörper und vor allem Bauchmuskeln stabil halten, nicht in der Wirbelsäule wackeln.

Bei Problemen mit dem richtigen Galopp kann man beide Zügel in die innere Hand und die Gerte in die äußere Hand nehmen, um damit das äußere anspringende Hinterbein anzuticken. Damit bekommt man den richtigen diagonalen Sitz und gibt die innere Schulter des Pferdes frei.

Paraden vom Galopp zum Schritt funktionieren erst, wenn man den Galopp schon versammeln kann. Das ist ein umfangreiches eigenes Thema.

Rückwärts-vorwärts-Übergänge:

Für die Übergänge Halten-Rückwärts-Halten-Vorwärts sowie die fortgeschrittene Version direkt aus dem Rückwärts wieder in die Vorwärtsbewegung will ich zuerst auf die Grundidee eines funktional sinnvollen und ›leichten‹ Rückwärtsrichtens eingehen. Es geht darum im Halten durch Energieerhöhung ohne Einsatz des Schenkels Haltung herzustellen und das Rückwärts mit einer Schenkelhilfe, die von den vorwärtstreibenden Impulsen abweicht, zu initiieren.

Rückwärts ohne Einsatz des Zügels

Teilen Sie das Rückwärts in zwei Phasen ein:

1. Fordern Sie zuerst im Stehen ›Haltung‹ vom Pferd. Veranlassen Sie es, im Genick nachzugeben. Richten Sie dabei aus Ihrer Bauchmitte Energie nach außen (wie beim Naseschnäuzen) und stellen sich vor, wie das Pferd das Genick los- und den Hals fallen lässt. Es soll nachgeben, jedoch nicht nach hinten-unten ›wegtauchen‹. Gibt es zuviel nach, so nehmen Sie erstmal Spannung aus dem Zügel oder arbeiten mit einer Aufwärtsparade, bis die Nase wieder vor oder an die Senkrechte kommt.

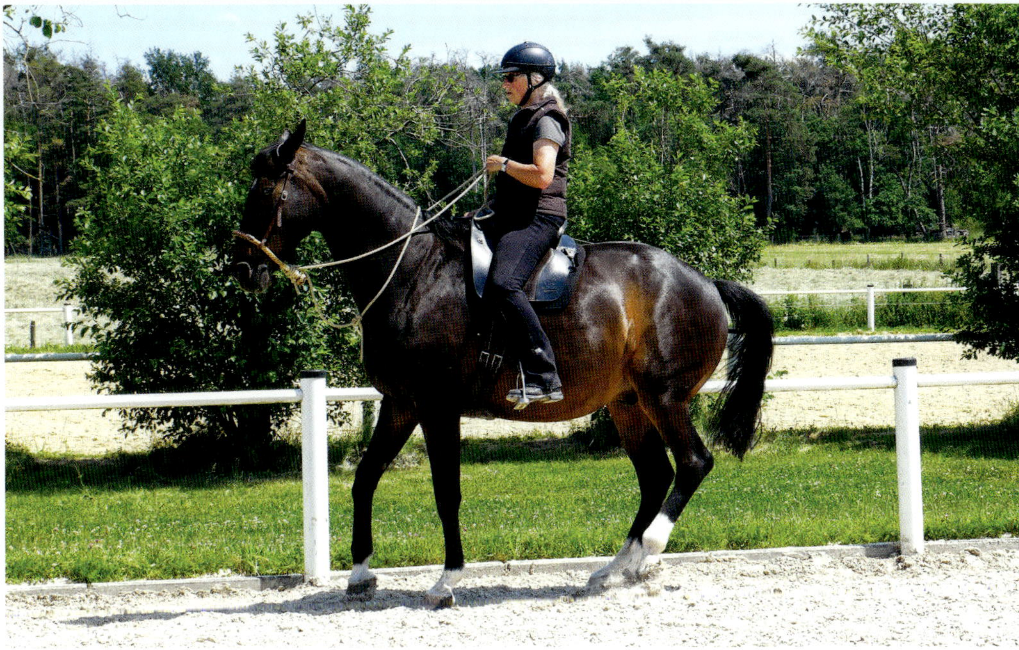

Im korrekten Rückwärtsrichten gelten die gleichen Prinzipien wie für die Versammlung: angehobene Schulter und Halsbasis, angehobener Rücken, gesenkte Kruppe und Hankenbeugung.

Sitzen Sie beim Herstellen der Haltung völlig still: Das Pferd soll sich ja nicht bewegen, sondern nur das Genick ›hergeben‹. Sie arbeiten nur mit der Erhöhung der Energie über die Körperspannung und mit der Vorstellung davon, was das Pferd tun soll. Dafür können Sie die Achselhöhlen bewusst mehr schließen und das Bein vermehrt in die Innenrotation drehen. (Achtung dabei nicht das Knie zudrücken!) Ein Weitstellen der Hand kann zudem helfen.

2. Sie haben jetzt eine hauchzarte Verbindung zum Maul bei Selbsthaltung des Pferdes. Jetzt können Sie an Rückwärts denken. ›Wackeln‹ Sie einfach ein wenig mit beiden Fußspitzen aus dem Fußgelenk – ein vibrierendes Schenkelsignal. Das bedeutet: ›Beweg' deine Hufe‹, gibt jedoch keine Richtung vor. Reden Sie dabei mit Ihrem Pferd und geben das verbale Kommando für ›Rückwärts‹.

Will sich das Pferd nach vorne in Bewegung setzen, hält der Zügel gegen. Ein verbales »Nein« tut ein Übriges, um das Pferd davon zu überzeugen, dass ›Vorwärts‹ nicht gemeint ist. Signalisiert das Pferd jetzt durch Anheben der Schulter und Verlagern seines Gewichtes nach hinten, dass es sich nach hinten in Bewegung setzen will, so wird sofort der Zügel lose. Das eigentliche Rückwärtsrichten erfolgt am losen Zügel, so dass das Pferd keine Möglichkeit hat, die Schulter zu versteifen und nach unten zu drücken oder sonstwie gegen den Zügel ankämpft.

Trennen Sie die beiden Phasen **›Haltung herstellen mit Zügelkontakt und ohne Schenkeleinwirkung‹** und **›Rückwärts ohne Zügelspannung mit Schenkelsignal‹** anfangs deutlich, so dass das eigentliche Rückwärts immer ohne Zügelspannung erfolgt. Mit zunehmender Routine und Leichtigkeit kann auch während des Rückwärtsrichtens die Haltung korrigiert werden.
Ein schiefes Rückwärtsrichten korrigieren Sie, indem Sie das Pferd mit der Vorhand in die Richtung stellen, in die die Hinterhand ausweicht.

Die Idee beim Rückwärtsrichten ist folgende:
Das Pferd wird leicht in Schulter und Vorhand und setzt sich hinten (beugt die Gelenke hinten, Hankenbeugung). Das ist das gleiche Grundprinzip wie bei der Versammlung. Die Rückwärts-Vorwärts-Übergänge sind demnach ein gutes Mittel, um das Pferd im Schritt zu versammeln (vorausgesetzt das Pferd nimmt die treibenden Hilfen gut an).

Wenn die Rückwärtsbewegung dann wieder ins Vorwärts umgekehrt wird (Anreiten im Schritt, Antraben oder Angaloppieren), kommen die normalen treibenden Hilfen zum Einsatz und vor allem ein präzises Bild der erwünschten Gangart und des Tempos, der Schritt-bzw. Trittlänge. Ich benutze immer die Stimme zusätzlich und sage die gewünschte Gangart an. Das hilft mir selbst, das Vorstellungsbild zu verbessern und schließt Missverständnisse beim Pferd weitgehend aus.

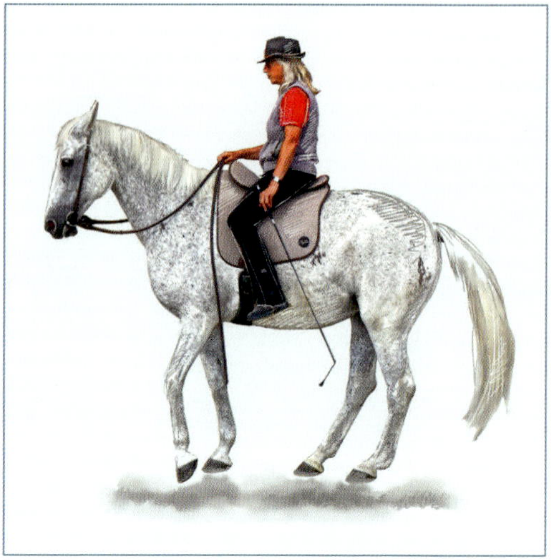

Rückwärts mit Gerteneinsatz, um Bewegung ins Hinterbein zu bringen.

Rückwärts mit Gerteneinsatz

Wenn das Pferd mit allen Vieren im Sand festgewurzelt scheint, so benutzen Sie die Gerte, um ein Bein zu bewegen. Sie können mit der Gerte sowohl die Schulter anticken, als auch – und das funktioniert meistens besser, auch wenn es auf den ersten Blick unlogisch erscheint – ein Hinterbein. Es geht erst einmal nur darum, dem ›festgefrorenen‹ Pferd eine kleine Bewegung zu entlocken.

Koordinationsübungen – rückwärts in Trailhindernissen

Erstaunlicherweise lässt sich gerade bei Pferden, die nur zäh und ungern rückwärts gehen, in rückwärts zu reitenden Trailhindernissen schnell eine Besserung des Rückwärtsrichtens erreichen. Einfache Hindernisse mit einer integrierten Rückwärtsbewegung sollten Sie deswegen in Angriff

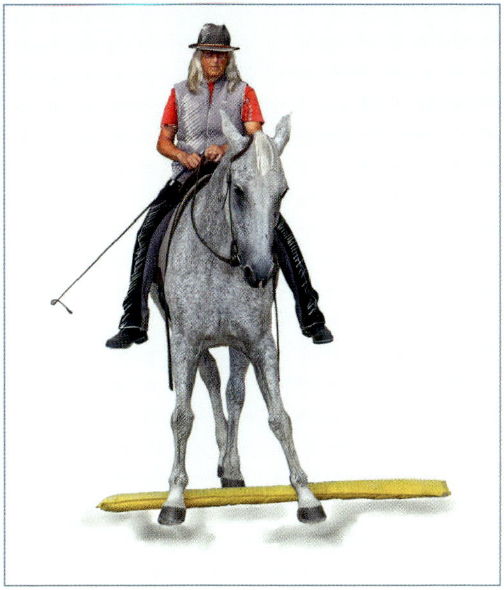

Trailübungen, wie hier das Seitwärts über eine Stange, erfordern Gedanken- und Energiekontrolle vom Reiter – insbesondere bei übereifrigen Pferden. Die sind nämlich kaum noch zu stoppen, wenn sie eine ungefähre Vorstellung davon haben, was verlangt wird. Und sie fangen jeden Gedanken des Reiters auf. Kontrollieren Sie also Ihre Gedanken und Vorstellungen sowie Ihre eigene Erwartungshaltung und -spannung. Arbeiten Sie mit Energieverschiebung aus der Mitte und versuchen Sie, möglichst wenig am Zügel zu machen.

nehmen, sobald das Pferd sich halbwegs geradeaus rückwärts lenken lässt. Das Pferd wird in diesen Koordinationsübungen mit gerader Längsachse rückwärts gerichtet. Wenn es um die Ecke geht, erfolgt das durch einen Wechsel von Elementen aus Vorhand- und Hinterhandwendnung, und nicht gebogen.

Überhaupt fördern Trailhindernisse die präzise Zusammenarbeit zwischen Pferd und Reiter. Den meisten Pferden macht die Arbeit in Hindernissen Spaß und sie reagieren gerne auf feine Signale des Menschen – was der Feinabstimmung der Hilfen und der Reaktionsschnelligkeit wiederum hervorragend bekommt.

Kombinationshindernisse, die Vorwärts-, Rückwärts- und Seitwärtsbewegungen vereinen, machen die Arbeit abwechslungsreich und integrieren Hinterhand- und Vorhandwendungen und Seitengänge.

Gebogenes Rückwärts für Fortgeschrittene

Eine stark versammelnde Übung ist das Rückwärts-Reiten von kleinen Zirkeln und Volten mit dem gebogenen Pferd. Das innere Hinterbein muss sich dabei stark beugen und Last aufnehmen. Für solche anstrengenden Lektionen ist es absolut notwendig, dass das Pferd treibende Impulse zuverlässig befolgt und das Rückwärts ohne Zügeldruck beherrscht, denn den Zügel brauchen wir im gebogenen Rückwärts, um Stellung und Biegung zu bekommen.

Geraderichten durch Biegung

Das Geraderichten des Pferdes erfolgt durch wechselseitige Biegung wie eingangs in den Ausführungen zur Ausbildungsskala beschrieben. Hufschlagfiguren und Lektionen wie Ecken ausreiten, Zirkel, Volten, Achten, Schlangenlinien helfen dabei. Pylonen und Markierungen erleichtern dem Reiter die Fokussierung und die Orientierung. Bestes Mittel fürs Geraderichten und für viele Korrekturen sind jedoch die Seitengänge und speziell das Schulterherein. Damit kommen wir zum nächsten Abschnitt.

Seitengänge
Koordinationsübungen für bessere Biegung und Schulterkontrolle

Der Schritt als ideale Ausbildungsgangart für das Erarbeiten der Seitengänge

Die Ausbildung in den Seitengängen bedeutet eine wesentliche Erweiterung der Kommunikationsmöglichkeiten zwischen Reiter und Pferd. Die Seitengänge und das damit verbundene ›Abkoppeln‹ der Stellung des Pferdes von seiner Bewegungsrichtung ermöglichen eine saubere Gymnastizierung, helfen bei der Abarbeitung der Stationen der Ausbildungsskala, bei der Minimierung der Hilfen und bei vielen Haltungs-Korrekturen. Insbesondere Schenkelweichen und Schulterherein können vielseitig eingesetzt werden, um Ausweichmanövern des Pferdes zu begegnen.

Seitengänge verfeinern die Kommunikation zwischen Pferd und Reiter, indem der ›Sprachschatz‹ beider über zusätzliche Signale und Hilfenkombinationen erweitert wird.

Sie verbessern die Kontrollmöglichkeiten des Reiters und die Koordination des Pferdes unter dem Reiter. Das Pferd kann leichter geradegerichtet und versammelt werden.

Sie helfen bei der Stabilisierung des Pferderückens. Das Pferd wird beweglicher, entwickelt mehr Kraft und Kondition.

Seitengänge: Vorteile fürs Pferd

- Ein besseres Gleichgewicht unter dem Reiter erreichen, so dass es ihn leichter tragen kann (Körperspannung / Haltung / Losgelassenheit).
- Bessere Koordination, besseres Körpergefühl.
- Geraderichten: Asymmetrien beseitigen, schwache Seite und schwächeres Hinterbein stärken.
- Verkürzte Muskulatur der hohlen Seite dehnen,
- Takt verbessern: vermehrte Lastaufnahme und Kraftentwicklung des jeweils geforderten Hinterbeins.
- Durchlässigkeit erreichen und verbessern,
- Tragkraft entwickeln, Schubkraft gegebenenfalls begrenzen.
- Gelenke beugen, Rücken stärken (-> leichtere Versammlung).

Seitengänge: Vorteile für den Reiter

- Bessere Koordination, besseres Körpergefühl,
- Orientierung im Raum behalten.
- Ein besseres gemeinsames Gleichgewicht im System Reiter plus Pferd erreichen (Körperspannung / Haltung / Losgelassenheit).
- Durchlässigkeit erreichen und verbessern.
- Gute Vorstellungsbilder der gemeinsamen Bewegung entwickeln.
- Bessere Energiekontrolle im System: Ausweichmanöver des Pferdes (Wegdrängeln, Kippen, Davonrennen, Energie blockieren) effektiv verhindern.
- Leichtere Korrektur der Schiefe.

Konzepte für die Seitengänge

Es gibt viele verschiedene Konzepte für die Vorwärts-Seitwärts-Bewegung. Je nach Ausführung und Lektion ist auch der Nutzen für Pferd und Reiter sehr unterschiedlich. Wie immer bei der Arbeit mit dem Pferd sollte man sich darüber im Klaren sein, was man mit einer bestimmten Lek-

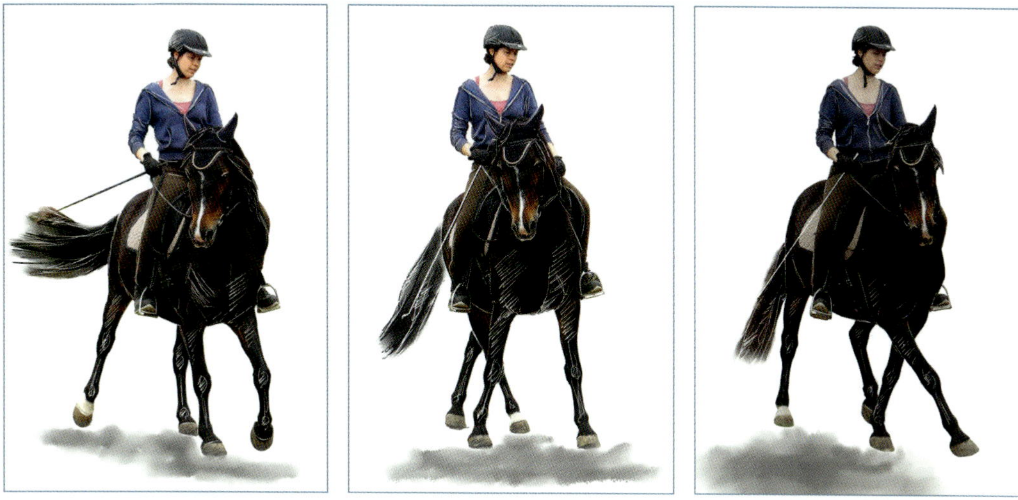

Ausrichtung und Blickrichtung in einem Übergang vom Schritt zum Trab im Schulterherein: Links (Schritt): Hier sind Reiterin und Pferd schief – zu wenig Kontrolle am äußeren Zügel, Oberkörper gegen die Bewegungsrichtung gehängt und Rückwärtstendenz am inneren Zügel, das Pferd drängelt über die äußere Schulter. Die Blickrichtung in Bewegungsrichtung ist jedoch richtig. Mitte (Trab): Hier nimmt die Reiterin den äußeren Zügel mehr an und sitzt wieder besser mittig im Sattel. Das Pferd wird in der Längsachse gerader. Rechts (Trab): Hier stimmt alles: Das Pferd ist nur minimal im Genick gegen die Bewegungsrichtung gestellt. Die äußere Schulter ist durch Annehmen des äußeren Zügels unter Kontrolle, die äußere Seite der Reiterin ist stabil. Und vor allem: Der innere stellende Zügel hat keine Spannung – damit bleibt die innere Schulter des Pferdes frei beweglich.

tion, z.B. dem Schulterherein oder dem Travers, bewirken will. Soll das Pferd lernen, mit dem inneren Hinterbein mehr Last aufzunehmen oder soll es die äußere Seite mehr dehnen? Soll es bewusster seine Füße platzieren oder insgesamt aufmerksamer auf die Signale des Reiters achten, sich auf eine Aufgabe konzentrieren, statt in der Gegend herumzuschauen ... Für alle Anforderungen gibt es eine Übung, welche die Intention des Menschen am besten unterstützt.

Es gilt: Keine Lektion ist Selbstzweck, sondern soll dazu dienen, das Pferd besser unter dem Reitergewicht auszubalancieren, seinen Rücken zu stärken und Tragkraft zu entwickeln. Jede schwierigere Lektion muss gut vorbereitet werden hinsichtlich der körperlichen und psychischen Leistungsfähigkeit des Pferdes. Einem jungen, untrainierten Pferd eine Traversale abzuverlangen, kann auch im Schritt nicht funktionieren, weil es keine Ahnung hat, wie es sich im Vorwärts-Seitwärts mit dem Reitergewicht arrangieren soll. Es fürchtet um sein Gleichgewicht. Ein einfaches ungebogenes Schenkelweichen, welches durch die Vorhandwendung vorbereitet wurde, kann dagegen schon mit ganz jungen Pferden geübt werden, weil es die Koordination und die Reaktion auf die Hilfen verbessert.

Alle ›guten‹ Vorwärts-Seitwärts-Bewegung erfordern einen frei getragenen Hals und eine gewisse Schulterfreiheit und Nachgiebigkeit im Genick. Fehlhaltungen wie Einrollen (hinter dem Zügel) oder das Herausdrücken des Unterhalses (über dem Zügel) beeinträchtigen immer den Bewegungsfluss, weil sie Rücken und Hinterhand des Pferdes blockieren.

Die Orientierung im Raum – Hinschauen, wohin man reitet

... ist bei den Vorwärts-Seitwärts-Bewegungen eines der Hauptprobleme des Reiters.
Ich habe die Erfahrung gemacht, dass auch Pferde, die noch nie etwas von ›Vorwärts-Seitwärts‹ gehört haben, durchaus innerhalb von wenigen Minuten lernen, überzutreten, wenn der Mensch eine klare Vorstellung davon hat, welches Bein des Pferdes er wann wohin bewegen will. Zudem muss sich im Kopf des Reiters ein Bild der Bewegung des Reiter-Pferd-Paares im gesamten Raum (der Reitbahn) abbilden. Kurz: Der Reiter muss einen Plan haben. Er muss hinschauen, wohin er sich bewegt, sonst kommt er nirgendwo an. Auch die Vorstellung, dass das Knie und die Hüfte des Reiters in die gedachte Bewegungslinie zielen, ist oft hilfreich. Das verbreitete Auf-den-Hals-des-Pferdes-Schauen erschwert eine gute Orientierung. In Bewegungsrichtung schauen und sich eine Bewegung im Raum als Ganzes vorstellen, ist obligatorisch.

Stopp and Go

Wenn das Pferd über die äußere Schulter wegläuft, können Sie immer wieder anhalten und dann seitwärts neu anreiten. Statt halber Paraden geben Sie dann immer wieder eine ganze zum Halten. Dabei muss das Pferd in der Längsachse gerade gehalten werden, die ausweichende Schulter also kontrolliert werden (stabile äußere Seite des Reiters, den äußeren Zügel richtig einsetzen).

Energie ins Pferd bringen

Mit einem energielosen Pferd sind Seitengänge nahezu unmöglich.
Der Reiter kommt in Versuchung, das Pferd anschieben zu wollen und verlässt damit seinen ›Zuständigkeitsbereich‹, denn er ist nicht für die Energieerzeugung zuständig – das kann nur das Pferd.
Durch Sensibilisierung auf die treibenden Hilfen muss das Pferd einen treibenden Impuls immer sofort mit Vortreten beantworten. Klemmt das Pferd in der Seitwärtsbewegung, reitet man immer wieder ›mit Energie‹ nach vorne heraus (wobei Haltung nicht wichtig ist, sondern nur das prompte Befolgen des Vorwärts-Impulses) und setzt das Seitwärts neu an, wechselt also ständig die Ausrichtung: Schulter mehr nach innen holen oder wieder auf den Hufschlag einstellen.

Energie richten, statt Oberkörper zur Seite neigen

Füllen Sie Ihren Oberkörper mit Energie. Schließen Sie Ihre Achselhöhlen hinten und drücken Sie aus der Bauchmitte, wie beim Naseschnäuzen, Energie von innen nach außen. Das macht den Sitz stabil, ohne die Beweglichkeit von Becken und Gelenken zu beeinträchtigen. Beginnen Sie dann, die Energie aus Ihrer Mitte heraus in die gewünschte Bewegungsrichtung zu richten – unabhängig von der Stellung und Biegung des Pferdes. Achten Sie auch in den Vorwärts-Seitwärts-Bewegungen darauf, immer Ihre beiden Gesäßkno-

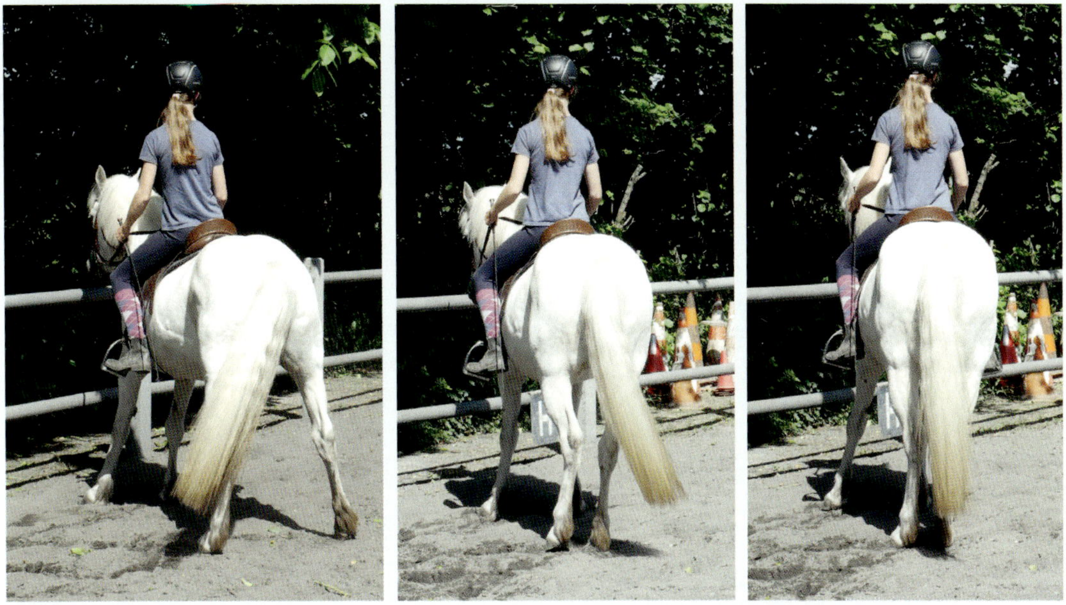

Bewegungsstudien im Schenkelweichen: Links: Hier kippt die Reiterin nach links, weil das Pferd einen rieisgen Ausfallschritt nach rechts macht. Mitte: Jetzt hat sie mit dem Annehmen des äußeren Zügels das Pferd eingefangen (kurzes Innehalten / Stopp and Go) und sitzt schön in der Mitte mit Blickrichtung über die äußere Schulter des Pferdes auf die gedachte Bewegungslinie. Rechts: In der nächsten Bewegungsphase muss das rechte Vorderbein nach rechts ausgreifen. Oft reicht es, wenn sich der Reiter das nur vorstellt.

chen gleichmäßig zu belasten und mittig über dem Pferd zu bleiben. Das Herüberhängen des Oberkörpers, wie man es oft sehen kann, häufig sogar nach der falschen Seite (gegen die Bewegungsrichtung), gibt dem Pferd missverständliche Signale und sieht zudem unschön aus.
Locken Sie das Pferd hinter Ihrer (Energie-)Ausrichtung her, statt es mit dem Schenkel in die gewünschte Richtung herüberdrücken zu wollen. Knie und Hüfte zeigen auf die gedachte Bewegungslinie.

Benutzen Sie den inneren Zügel nur zum Stellen und Führen, und halten Sie das Pferd in sich eher gerade, ohne den Hals zu weit abzustellen. (Kontrollieren Sie die Schulter des Pferdes, statt seinen Hals.) Um vom (rückwärts) ziehenden inneren Zügel wegzukommen und auf ›Steuerung aus der Körpermitte‹ umzuschalten, können Sie einhändig reiten. Das funktioniert auch ohne Kandare. Anfangs ruhig in Form eines Schenkelweichens mit Nase zur Bande, um das Pferd davon abzuhalten, nach vorne wegzulaufen.

Grundsätzliche Richtlinien in Kürze für die Vorwärts-Seitwärts-Bewegungen

Für das Pferd:

- Das Pferd in der Längsachse eher gerade

halten, den Hals nicht so stark abstellen.

- Die innere Schulter des Pferdes oben behalten.
- Freier Hals und offene Ganaschen.
- Nase vor der Senkrechten.
- Das Pferd muss (freiwillig) Energie liefern, d.h. auf einen Vorwärtsimpuls des Reiters sofort reagieren.

Für den Reiter:

- Blickrichtung/Kopfdrehung: Hinschauen, wohin man reiten will.
- Beckenstellung und mentale Ausrichtung als wichtigste Hilfe für die Steuerung des Pferdes.
- Mittig über dem Pferd bleiben, senkrechter Oberkörper, gleich stark belastete Gesäßknochen.
- Gesäßknochen zeigen senkrecht nach unten.
- Die Beine hängen frei aus der Hüfte.
- Der Absatz wird nicht aktiv heruntergedrückt (die Bewegungsimpulse aus dem Pferderücken lassen den Absatz nach unten federn).
- Impulse mit dem Bein, kein Schenkel-Druck im wörtlichen Sinn.
- Bewegliche getragene Hände.
- Kontrolle am äußeren Zügel.
- Innerer Zügel dient nur als Stellungszügel.
- Wechselnde Zügellänge.

Seitengänge und Vorübungen im Einzelnen

Es gibt: Schenkelweichen, Schultervor, Schulterherein/Konterschulterherein, Travers/Renvers und Traversale – mit fortschreitender Schwierigkeit in dieser Reihenfolge. Dazu kommen Sonderformen, die z.T. der Vorbereitung dienen oder weitgehend koordinatorischen und mobilisierenden Wert haben: die Vorhandwendungen und das Übertreten lassen im Kreis an der Hand. Und die reine Seitwärtsbewegung im 90-Grad-Winkel, als Trailhindernis auch quer über Stangen (Sidepass). Dann gibt es die Hinterhandwendungen (die im Schritt entwickelt werden und in der Galopp-Pirouette ihren Höhepunkt finden), die prinzipiell ein Travers im Kreis darstellen und sehr stark gymnastizierend wirken. Deswegen kommen sie in der Reihenfolge der Beschreibungen auch erst spät.

Die einfachste Vorwärts-Seitwärts-Bewegung: das Schenkelweichen mit Nase zur Bande. Hier gibt es noch keine Orientierungsprobleme.

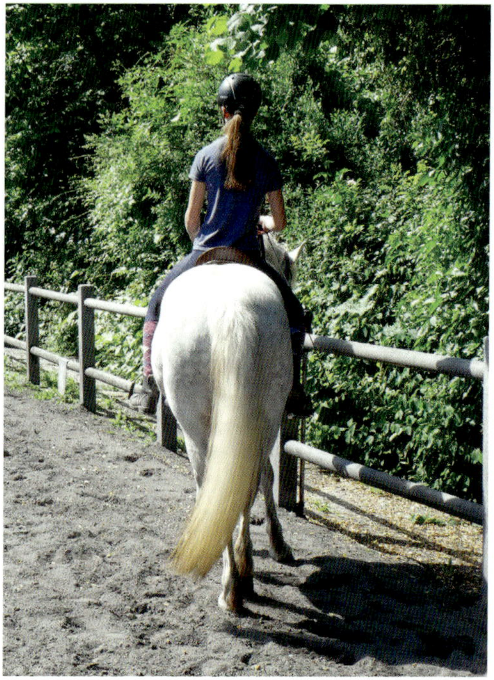

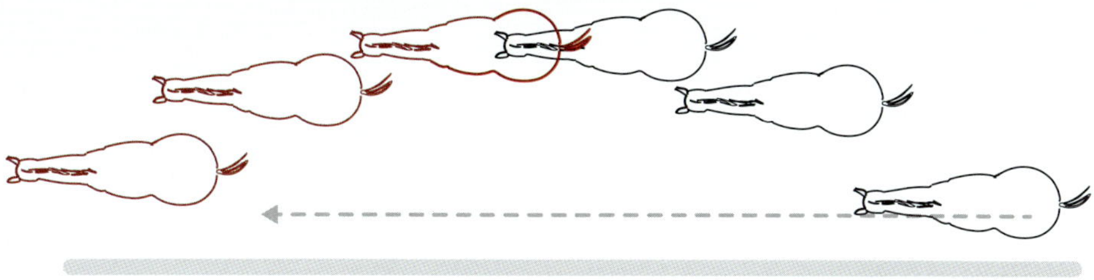

Viereck verkleinern und vergrößern: die klassische Übung für das Schenkelweichen – erfordert mehr Orientierungim Raum und bessere Koordination.

Schenkelweichen und Schulterherein als Grundlage der Gymnastizierung des Reitpferds

Viele Ausbildungsmethoden verbannen die Seitengänge in den fortgeschrittenen Teil der Ausbildung. Meiner Ansicht nach gehören mindestens das Schenkelweichen und auch das Schulterherein zu den Grundlagen-Lektionen auch für junge oder untrainierte Pferde, auf denen Gymnastizierung und Korrekturen aufbauen können. Wann beginnen Sie also damit? Kurz gesagt: Im Schritt so früh wie möglich – denn nur damit können Sie das Tempo des Pferdes kontrollieren, es effektiv gymnastizieren und schließlich geraderichten.

Bei den Seitengängen muss sich der Reiter immer wieder ins Gedächtnis rufen, dass seine eigene Haltung eine Schlüsselrolle spielt. Achtet er nur aufs Pferd, so läuft er Gefahr, selbst aus dem Gleichgewicht zu kippen. Gerade beim Schenkelweichen und bei Hinterhandwendungen kann man immer wieder sehen, dass Reiter völlig schief, mit eingeknickter Hüfte oder falscher Ausrichtung auf dem Pferd sitzen – und dem Pferd die Übung damit erschweren oder gar unmöglich machen.

Alle Seitengänge können über die Horsemanshiparbeit und oder über die klassische Handarbeit vorbereitet werden, was viele Abläufe erleichtert, weil das Pferd schon eine Idee bekommt, was es tun soll, und manche Dinge nur noch mit Reitergewicht ›nachgearbeitet‹ werden müssen.
Ich werde nachfolgend die Boden- und Handarbeit bei den einzelnen Übungen nur ganz kurz anreißen, weil das sonst den Rahmen des Buches sprengen würde, und mich auf die gerittene Version konzentrieren.

Die Vorhandwendung

Die Vorhandwendung dient dazu, das Pferd auf seitwärts treibende Schenkelimpulse zu sensibilisieren und die Kontrolle am äußeren Zügel zu etablieren. Hinterhand und Becken werden mobilisiert und die jeweils äußere Seite des Pferdes leicht gedehnt.

Die Ausführung:

Halten Sie das Pferd durch Kontakthalten am äußeren Zügel in der Längsachse gerade (eine leichte Stellung nach innen ist okay). Bleiben Sie mittig im Sattel sitzen und treiben mit dem inneren Schenkel (Impuls, nicht Druck!) oder auch mit

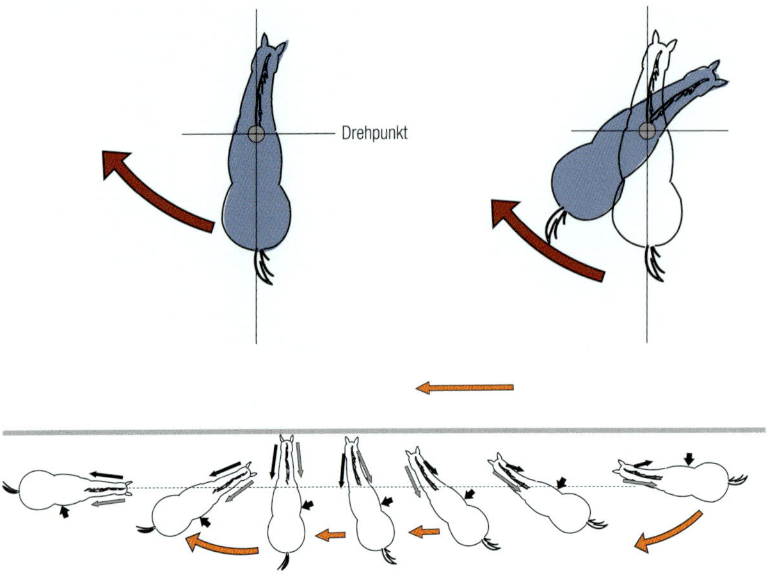

Die Vorhandwendung hat hauptsächlich koordinatorischen Wert für Reiter und Pferd. Sie dient dazu, dem Pferd die Schenkelimpulse des Reiters verständlich zu machen. In Verbindung mit dem Schenkelweichen kann sie dem Reiter die Wirkung des kontrollierenden äußeren Zügels verdeutlichen (siehe Beispiel oben): Der Reiter befindet sich im Schritt auf der linken Hand. Er stellt das Pferd nach rechts und reitet im Schenkelweichen an der Bande entlang. Dann beginnt er, mit dem äußeren (linken) Zügel stärker zu parieren und die Vorwärtsbewegung zu begrenzen, bis das Pferd in Form einer Vorhandwendung die Hand wechselt. Der Reiter befindet sich jetzt auf der rechten Hand und kann die gleiche Übung auf dieser Hand seitenverkehrt wiederholen.

Gertenimpulsen das innere Hinterbein seitwärts. Will das Pferd dabei über die äußere Schulter ausweichen, nehmen Sie den äußeren Zügel an und begrenzen damit die äußere Schulter. Diese Schulterkontrolle mit dem äußeren Zügel werden wir bei allen Seitengängen brauchen. Stellen Sie nie den Hals zu stark zur Seite ab.

Aus der Vorhandwendung kann man das Schenkelweichen entwickeln, indem man die Richtung ändert (geradeaus mit zwei Bewegungslinien für Vor- und Hinterhand) und das Pferd auch vorne kreuzen lässt. Das innere Beinpaar muss immer vor dem äußeren kreuzen, damit die Vorwärtstendenz erhalten bleibt.

Die Unterschiede zwischen Schenkelweichen, Schultervor und Schulterherein

Prinzipiell wird das **Schenkelweichen** mit geradem, nur leicht im Genick gestelltem Pferd geritten und das Schulterherein mit einer leichten Längsbiegung. Zudem ist im Schenkelweichen das Pferd stärker von der Bewegungsrichtung abgestellt, tritt also mehr über.

Im **Schulterherein** gibt es 3 Möglichkeiten, wenn man das Schultervor dazurechnet:

Schultervor: Die Vorhand wird minimal nach innen hereingenommen.

Schulterherein mit 3 sichtbaren Hufspuren/ Bewegungslinien:

1 Inneres Vorderbein –

2 äußeres Vorderbein und inneres Hinterbein –

3 äußeres Hinterbein.

Schulterherein mit 4 sichtbaren Hufspuren/ Bewegungslinien:
1 Inneres Vorderbein –
2 äußeres Vorderbein –
3 inneres Hinterbein –
4 äußeres Hinterbein.

In der **praktischen Ausführung** verschwimmen oft die Grenzen zwischen Schulterherein und Schenkelweichen, je nachdem, was gerade erreicht werden soll. Macht das Pferd sich auf einer Seite zu hohl, sollte man die Biegung auf dieser Seite eher verringern und das Pferd mehr schenkelweichenartig gehen lassen. Macht es sich steif, sollte man versuchen, die Biegung etwas zu verstärken. **Achtung: Bitte nicht die Abstellung des Halses mit Biegung verwechseln.** Das reine Abstellen des Halses wirkt wie eine Sollbruchstelle und führt nur dazu, dass das Pferd über die äußere Schulter ausweicht, im Körper aber gerade bleibt. Im Schenkelweichen tritt das innere Hinterbein am Schwerpunkt des Pferdes vorbei und nimmt nicht so viel Last auf wie im Schulterherein. Schulter, Kruppe und Hüfte werden jedoch mobilisiert.

Schenkelweichen und Sidepass

Schenkelweichen

Abstellung von der Bande etwa 45 Grad
Für das Schenkelweichen gilt grundsätzlich: Erst kommt die Bewegungsrichtung, dann die Haltung des Pferdes. Die Haltung und Ausrichtung des Reiters ist dafür immens wichtig. Vorrangig ist das Geradehalten des Pferdes in der Längsachse und die Orientierung im Raum (am Anfang nutzt man am besten die Bande und reitet mit Nase zum Zaun). Genickbeugung und Zügelanlehnung kommen erst später in der Reihenfolge.

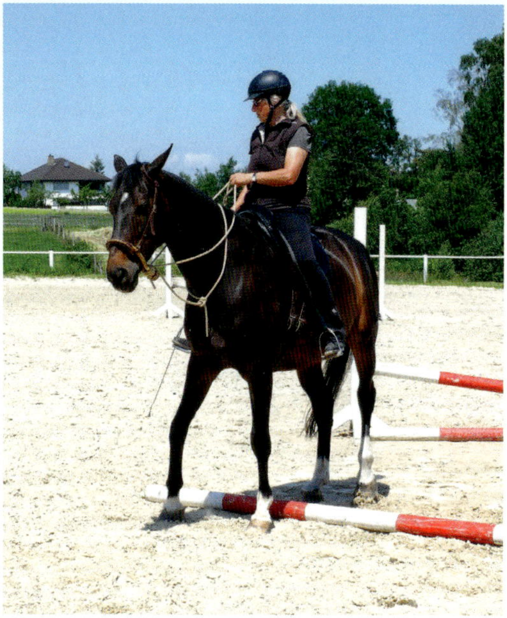

Sidepass über eine Stange.

Sidepass

Der Sidepass ist eine reine Seitwärtsbewegung mit einem Winkel von 90 Grad. Er wird für Trailübungen – auch in Kombination mit Vorhand- und Hinterhandwendung über Hindernisse gebraucht.
Sidepass funktioniert am besten mit freiem Hals und eher losem Zügel in der Horsemanship-Manier. In der klassischen Handarbeit arbeitet man dafür zu dicht am Pferd und verliert leicht den Überblick bei der Steuerung. Sidepass dient weniger der Gymnastizierung als vielmehr der Verbes-

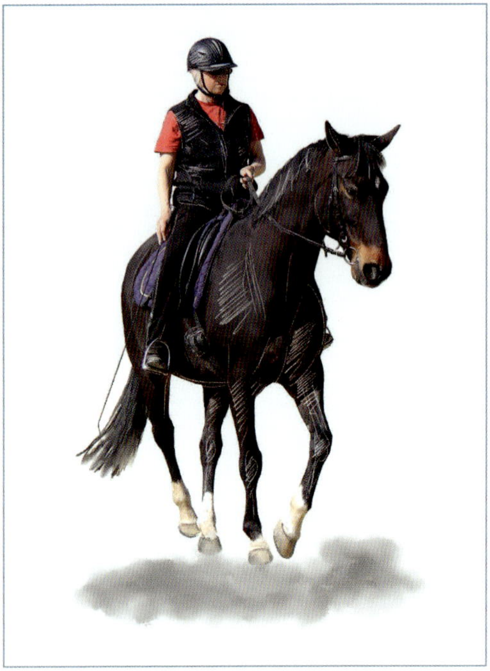

Schulterherein auf drei Hufspuren.

serung der Koordination und der Aufmerksamkeit auf die Signale des Reiters.

Haben Sie die Übung am Boden gut vorbereitet, ist es nur ein kleiner Schritt, sie nachzureiten. Bei kniffligen Trail-Übungen ist es wichtig, einen sicheren Anhaltereflex zu etablieren. Immer, wenn das Pferd unsicher wird und zu zappeln beginnt oder riesige Schritte macht, sollte es problemlos angehalten werden können. Neben einem Stimmsignal, »Halt« oder »Ho«, kann man dem Pferd beibringen, dass es sofort anhält, wenn der Zügel lose auf dem Hals liegt, und erst wieder antritt, wenn der Zügel aufgenommen wird. Ein solcher Anhaltereflex auf losen Zügel kann später auch für die gymnastizierenden Lektionen genutzt werden. Wehrt sich das Pferd gegen einen angenommenen Zügel, lässt man ihn kurz los und nimmt dem Pferd den Grund, sich zu wehren.

Schulterherein

Die Grenzen zwischen Schulterherein und Schenkelweichen sind je nachdem, was Sie bezwecken bzw. korrigieren wollen, fließend, wie schon eingangs erwähnt. Das Schenkelweichen dient hauptsächlich der Sensibilisierung auf den Reiterschenkel. Es hat vor allem koordinatorischen und weniger gymnastischen Wert. Das Schulterherein dagegen bringt Ihr Pferd vermehrt an den äußeren Zügel, entwickelt die Tragkraft des inneren Hinterbeines und dehnt die äußere Seite des Pferdes. Hat das Pferd das Schulterherein begriffen und führt es flüssig und ohne Widerstand aus, haben Sie ein exzellentes Kontroll- und Gymnastizierungsinstrument. Schulterherein ist die Grundlage für jede Art von Versammlung, für alle Stellungs-, Biegungs- und Richtungs-Korrekturen des Pferdes und es erleichtert das Geraderichten und das kontrollierte Angaloppieren des Pferdes. Macht sich ein Pferd jedoch zu hohl im Schulterherein ist es nötig, es auf der hohlen Seite eher Schenkelweichenartig mit weniger Biegung zu reiten.

Voraussetzungen für das Schulterherein:

1. Sie haben die ersten Koordinationsübungen hinter sich und alle Hilfen etabliert und gefestigt, die Sie für die verschiedenen Hilfenkombinatio-

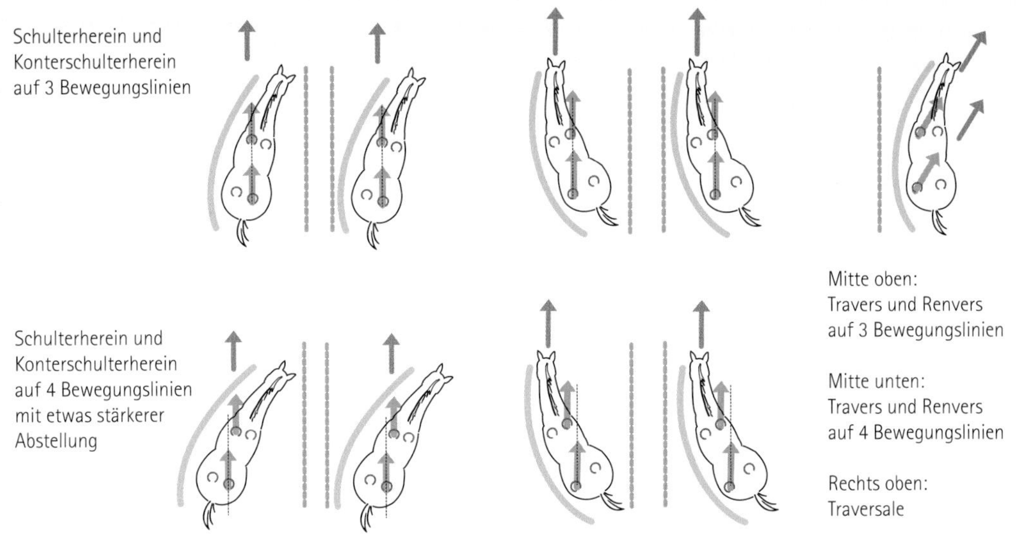

Übersicht über die Seitengänge

nen brauchen (einfaches Schenkelweichen als Vorübung).

2. Das Pferd folgt Ihrer Ausrichtung und Gesäßknochenstellung und der seitwärts führenden Zügeleinwirkung in eine Wendung (Zirkel und größere Volten sind möglich). Sie können die Schulter des Pferdes kontrollieren und versuchen nicht, es über ›Hals-nach-innen-Ziehen‹ auf Kurs zu halten.

3. Das Pferd weicht auf einseitigen Schenkelimpuls seitlich aus und reagiert auf beidseitigen Schenkelimpuls mit Vorwärtsgehen.

Einstieg in die gebogenen Seitengänge

Richtig ausgeführt ist das Schulterherein die ideale Einstiegsübung in die gebogenen Seitengänge. Es erfordert nicht so viel Dehnung der äußeren Seite vom Pferd wie das Travers oder die Traversale, bringt es jedoch dazu, diese äußere Seite loszulassen. Es lehrt das Pferd, nicht immer ›der Nase nach‹ zu laufen. Und es lehrt den Reiter die Orientierung im Raum, den korrekten Gebrauch des äußeren Zügels und das Loslassen am inneren Zügel.

Schulterherein oder das weniger abgestellte Schultervor kann immer dann zur Korrektur eingesetzt werden, wenn es Probleme mit Richtungskontrolle, dem Zügelkontakt oder der Biegung gibt. Und es kann auch zum Bremsen eingesetzt werden, wenn das Pferd den Reiterhilfen davonlaufen will.

Es gibt eine leichtere und eine schwerere ›energieaufwändigere‹ Version des Sitzes.

Schwerer: die konventionell gelehrte Methode
Der innere Gesäßknochen bzw. die innere Hüfte ist wie zum Abwenden vorgeschoben. Das Pferd will ›unter das Reitergewicht‹ laufen, also nach innen abwenden, und der Reiter muss dies mit vermehrtem Einsatz von innerem Schenkel und äußerem Zügel wieder verhindern. Damit gibt er Hilfen, die sich teilweise gegenseitig aufheben, und verschwendet Kraft und Energie.

Drehsitz: Oft wird in der konventionellen Methode zum Abwenden und auch für Schulterherein der Drehsitz empfohlen, bei dem sich die Schultern des Reiters auf die Schultern des Pferdes ausrichten und die Hüfte des Reiters auf die Hüften des Pferdes.
Das funktioniert ganz gut, wenn er wirklich richtig ausgeführt wird: wenn das Pferd gelernt hat, sich gut unter dem Reiter auszurichten, und der Reiter diese Drehung aus der Mitte nicht übertreibt. Oft sieht man jedoch schon beim normalen Abwenden, dass der Reiter sich im Oberkörper stark verdreht, dass er den äußeren Gesäßknochen, statt des inneren nach vorne bringt und damit das Pferd dazu veranlasst, über die äußere Schulter auszuweichen.

Leichter: Sitzen in Bewegungsrichtung
Der Reiter stellt die Vorhand des Pferdes nach innen herein (als ob er abwenden wollte), schiebt dann den äußeren Gesäßknochen etwas nach vorne, den inneren nach hinten und biegt das Pferd auf diese Weise schon leicht. Er schaut über die äußere Schulter des Pferdes geradeaus in Bewegungsrichtung. Das Pferd richtet sich auf die Beckenstellung des Reiters aus. Der innere Schenkel unterstützt bei Bedarf mit kurzen Impulsen. Der äußere Zügel hält Kontakt und das Pferd auf der gedachten Bewegungslinie. Der Oberkörper des Reiters bleibt in sich völlig gerade und mittig im Sattel: alle Seiten gleich lang, keine Verdrehung in der Mitte (Idee des Oberköpers als fester Block). Damit kann man den Ausweichtendenzen des Pferdes mit mehr Stabilität begegnen.

Die 2 Phasen des Schulterherein

Für ein besseres Verständnis der Bewegungsabläufe teilen Sie am besten das Schulterherein in zwei Phasen auf.
Phase 1: Abwenden mit gebogenem Pferd (wie in der konventionellen Methode gelehrt). Der Reiter tut so, als wolle er abwenden: innerer Gesäßknochen und innere Hüfte vor, Blickrichtung in Bewegungsrichtung das Pferd den Hals leicht nach innen stellen kann, hält jedoch kontrollierende Verbindung am (Kopfdrehung nach innen), Stellung des Pferdes nach innen (der seitwärts wirkende innere Zügel muss leicht verkürzt werden), der äußere Zügel gibt so viel nach, dass das Pferd den Hals leicht nach innen stellen kann, hält jedoch kontrollierende Verbindung am ›Gummiband‹. Damit ist die Schulter unter Kontrolle.
Diese Phase dauert so lange, bis das Pferd die Schulter in einem Winkel von maximal 40 Grad vom vormaligen Hufschlag nach innen hereingenommen hat.
In der Praxis geht das sehr schnell und der Reiter muss aufpassen, dass er die Phase des ›Umschaltens‹ in Phase 2 nicht verpasst.

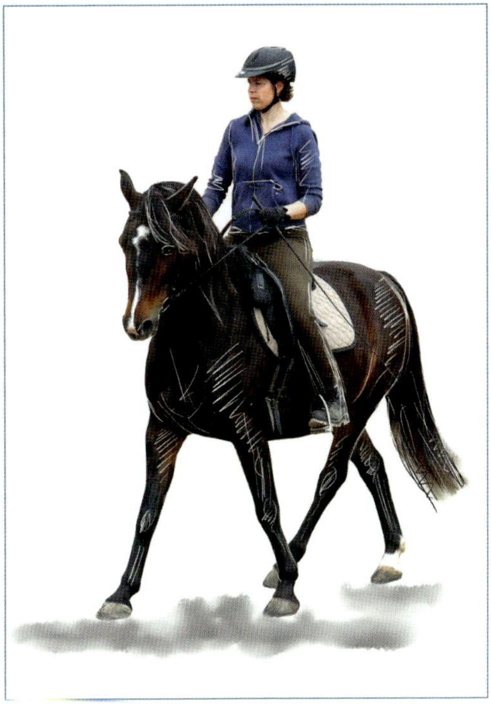

Übergang vom Schritt zum Trab im Schulterherein – vorbildlich mit guter Ausrichtung von Reiter und Pferd und ausreichender Schulterfreiheit des Pferdes.

Phase 2: Umschalten zum ›Geradeausreiten mit gebogenem Pferd‹

Das Pferd ist jetzt in der für das Schulterherein richtigen Abstellung vom Hufschlag; es soll jedoch nun nicht weiter nach innen kommen, sondern ›gebogen geradeaus gehen‹, also mit den Hinterbeinen auf dem Hufschlag bleiben und mit den Vorderbeinen nach innen versetzt gehen. Dieses Umschalten ist der kritischste Moment des ganzen Schulterherein, denn es muss schnell, kontrolliert und trotzdem ruhig geschehen. Beim Umschalten ändert der Reiter seine Ausrichtung (Kopfdrehung) und die Beckenstellung: äußerer Gesäßknochen nach vorne, innerer nach hinten; er schaut nun nach außen auf die Linie, auf der sich die Hinterbeine des Pferdes bewegen sollen, erhält jedoch die Innenstellung und die Position der Schulter des Pferdes auf der zweiten Spur mit kurzen seitwärts wirkenden Impulsen des stellenden inneren Zügels. Der äußere Zügel ist dafür zuständig, Stellung, Biegung und Abstellung vom Hufschlag zu kontrollieren und zu verhindern, dass das Pferd in die Bahn hineinläuft (= abwendet).

Der innere Schenkel (ersatzweise die Gerte) treibt in der Umschaltphase mit kurzen Impulsen seitwärts. Er wirkt auf das innere Hinterbein und biegt das Pferd. Der äußere Schenkel verhindert das Ausfallen der Hinterhand nach außen und erhält die Biegung. Er liegt etwas weiter hinten. Das geschieht fast automatisch, wenn die äußere Hüfte nach vorn kommt.

Bei Orientierungsproblemen kann sich der Reiter vorstellen, dass sein äußeres Knie auf die Bewegungslinie zeigt.

Minimieren der Einwirkung, um schneller zu reagieren

Hat das Pferd begriffen, dass es gebogen geradeaus gehen soll, so kann es der Reiter später fast ausschließlich über den äußeren Zügel und eine Kopfdrehung in Bewegungsrichtung und richtige Positionierung der Gesäßknochen im Schulterherein halten. Und er kann es sogar allein durch Verschieben der Gesäßknochen und die Vorstellung davon, wie sich das Pferd im Raum bewegen soll, einleiten. Das funktioniert dann mit einiger Übung auch ohne Schenkelimpuls und am losen

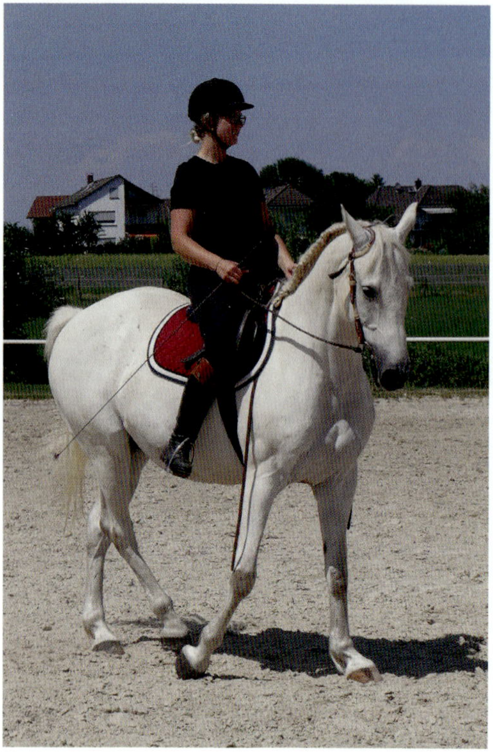
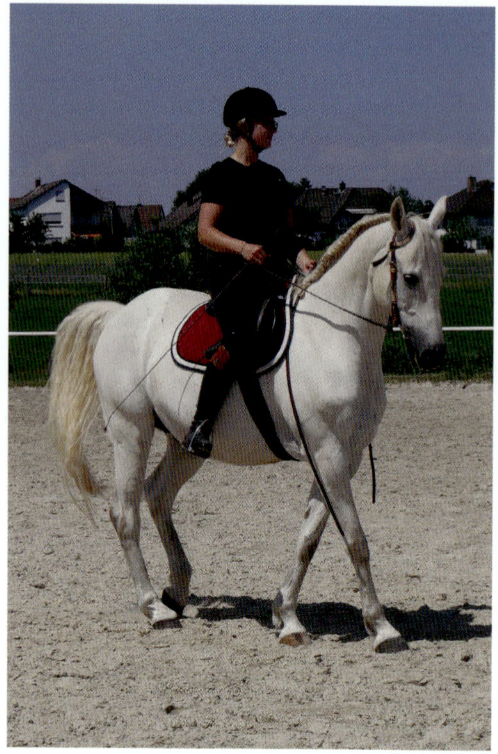

3 Bewegungsphasen im Schulterherein mit guter Ausrichtung und spannungsarmem inneren Zügel. Das Bein der Reiterin könnte noch etwas entspannter hängen.

inneren Zügel, nur durch Ausrichtung des Beckens und die ›Idee der Bewegung‹.
Während Sie das Schulterherein reiten, müssen Sie ständig die Bewegungsrichtung, Abstellung und Biegung des Pferdes überwachen – und ggf. zwischen den Phasen 1 und 2 hin- und herschalten. Je schneller Sie dabei merken, ob das Pferd aus dem Ruder läuft, desto weniger müssen Sie eingreifen. Dazu müssen Sie immer auf ›konzentriertes Nichtstun‹ und minimalen Kontakt umschalten, wenn alles in Ordnung ist. Halten Sie hohe Zügelspannung und Druck mit dem Bein aufrecht, spüren Sie feinere Signale des Pferdes nicht mehr und reagieren erst, wenn es zu spät ist.

Äußerer Zügel als Kontrollinstrument

Nun wird ein unerfahrenes Pferd nicht ohne Weiteres auf Ihre Hilfen zum Schulterherein reagieren. Selbst, wenn Sie alles richtig machen, wird das Pferd versuchen, sich durch Ausweichmanöver das Leben zu erleichtern.
1. Es ›flüchtet‹ über die Schulter in die Gerade (läuft über die Schulter weg).

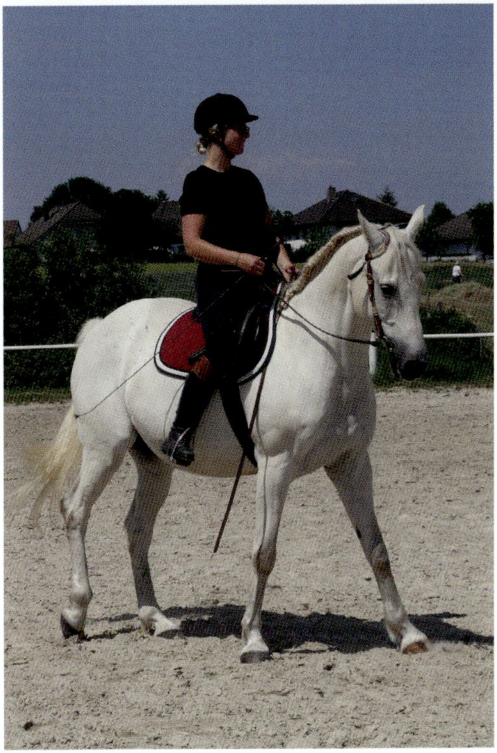

2. Es ignoriert Ihre Ausrichtung und den inneren Schenkel und wendet nach innen ab.
In beiden Fällen ist der äußere Zügel das Haupt-Korrekturinstrument. Beide Male der äußere? Genau – beide Male der äußere!
Im ersten Fall müssen Sie natürlich zusätzlich durch den seitwärts wirkenden, stellenden Zügel die Stellung und Biegung nach innen erhalten. Der äußere Zügel verhindert jedoch, dass das Pferd einfach nur im Hals abknickt und Ihnen über die Schulter (geradeaus) wegläuft.
Im zweiten Fall verhindert der äußere Zügel mit dem inneren Schenkel zusammen, dass das Pferd abwendet bzw. mit der Schulter in die Wendung hineinkippt.

Auch ein Schulterherein mit stärkerer Abstellung – auf vier Hufspuren – ist nicht falsch; es beugt jedoch das innere Hinterbein nicht so gut, weil dieses am Schwerpunkt vorbeitritt (ähnlich wie beim Schenkelweichen) und nicht so viel Last aufnehmen muss, also nicht so viel tragen muss, als wenn es unter den Schwerpunkt treten würde. Dafür mobilisiert es Hinterhand und Becken stärker.

Abkoppeln der Bewegungsrichtung von Stellung, Biegung und Blickrichtung des Pferdes

Mit Schulterherein und Schenkelweichen haben Sie die ersten Schritte getan, um die Bewegungsrichtung von der Kopfstellung des Pferdes abzukoppeln. Diese Abkoppelung ist aus zwei Gründen notwendig:
1. um das Pferd auf gebogenen Linien korrigieren zu können, wenn es nach innen oder nach außen kippt
2. um das Pferd daran zu gewöhnen, hauptsächlich auf Ausrichtung im Sitz zu reagieren, so dass Sie die Einwirkung am inneren stellenden Zügel schließlich für die Feinabstimmung minimieren können.

Hinterhandwendungen (360 Grad) und Kurzkehrt-Wendungen (180 Grad)

Hinterhandwendungen sind deutlich schwieriger als Vorhandwendungen und erfordern mehr Koordination und Dehnfähigkeit vom Pferd sowie

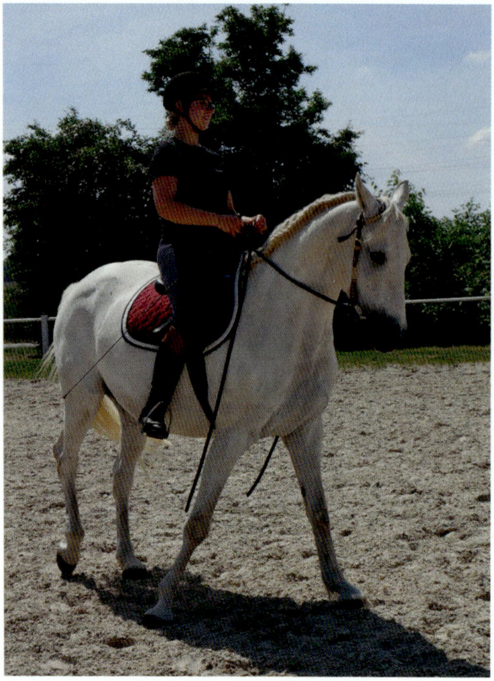

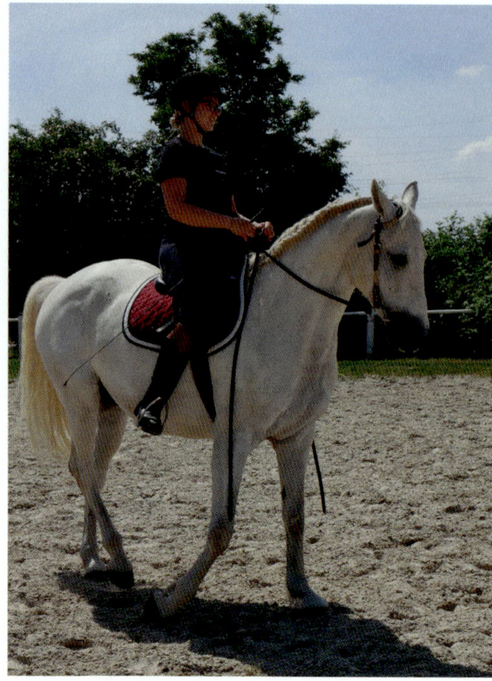

3 Bewegungsphasen einer Hinterhandwendung. Guter Kontakt am äußeren Zügel und gute Ausrichtung in Bewegungsrichtung. Der äußere Schenkel übt etwas zuviel Druck aus.

bessere Orientierung im Raum vom Menschen.
Die Vorhandwendung ist vorwiegend eine koordinatorische Übung, die Hinterhandwendung dagegen eher eine versammelnde.
Hinterhandwendungen sind prinzipiell Traversbewegungen im Kreis und sollten immer mit Vorwärtstendenz geritten werden. Die äußeren Beine kreuzen dabei vor den inneren. Bisweilen kann es sinnvoll sein, zuerst Travers zu entwickeln und dann den Kreis immer kleiner zu machen, bis die Hinterhand einen Mini-Kreis beschreibt und fast auf der Stelle tritt. Bei anderen Pferden ist es einfacher, Kurzkehrtwendungen an bestimmten Markierungen zu fordern und aus den 180-Grad-Wendungen schließlich eine ganze 360-Grad-Wendung zu machen. Es gibt mehrere Möglichkeiten, wie so oft. Eine Vorbereitung am Boden ist grundsätzlich zu empfehlen.

In der korrekten Hinterhandwendung bewegt sich das Pferd vorwärts-aufwärts mit frei getragenem Hals. Es braucht Schulterfreiheit, um vorne mit dem inneren Bein weit auszugreifen und mit dem äußeren zu kreuzen.
Das Übertreten der äußeren Beine in die Wendung erfordert verstärkte Dehnung der äußeren Seite. Das Pferd braucht mehr Kraft und Geschmeidigkeit als beim Schulterherein, um diese

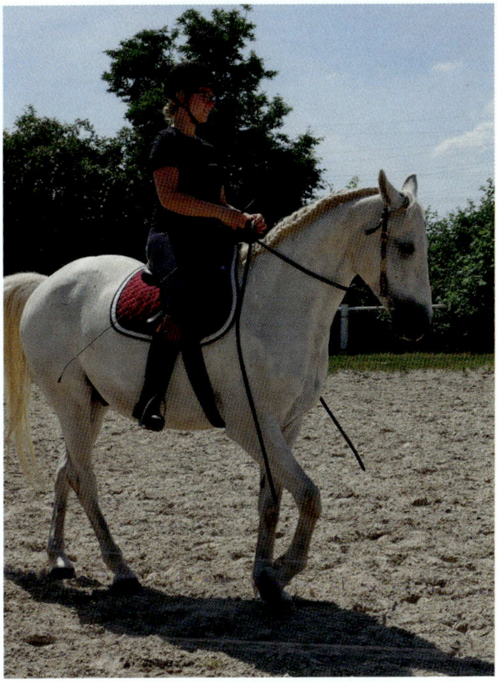

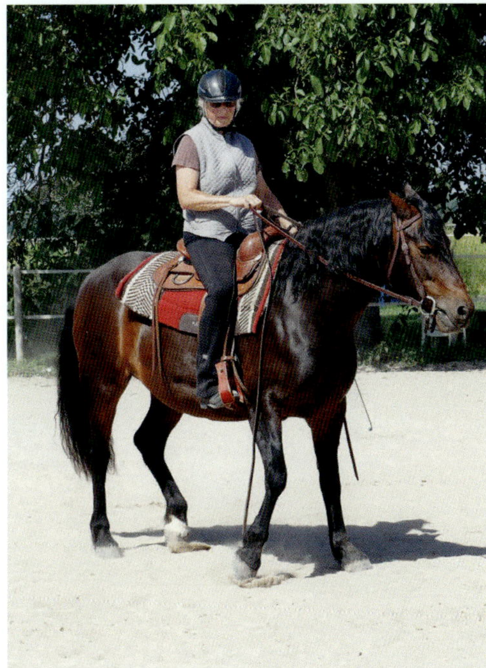

Hinterhandwendung in Außenstellung – der Fokus liegt hier erstmal auf Schulter- und Hinterhandkontrolle, das Nachgeben im Genick kommt später.

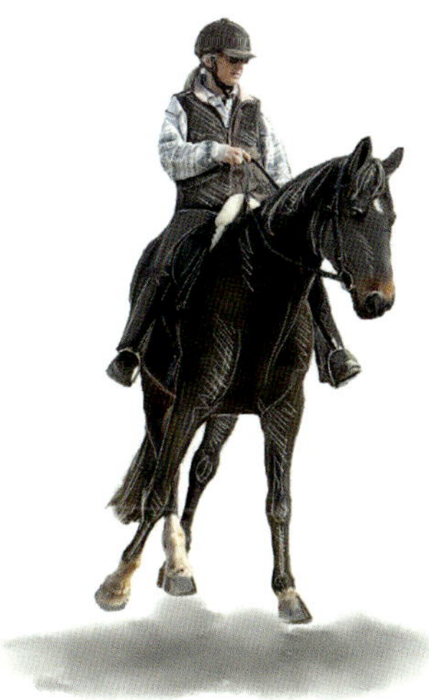

Die Hinterhandwendung

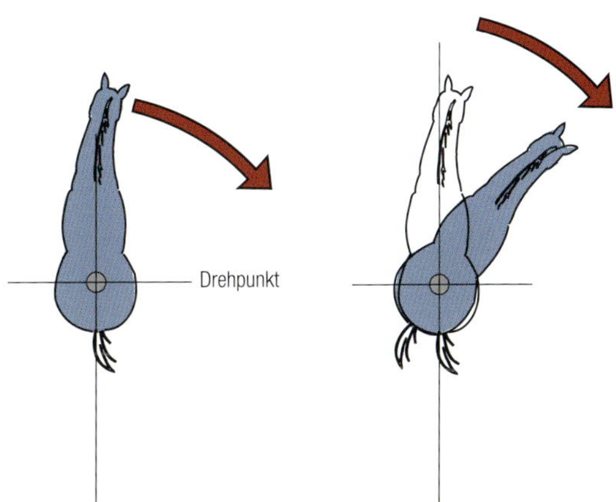

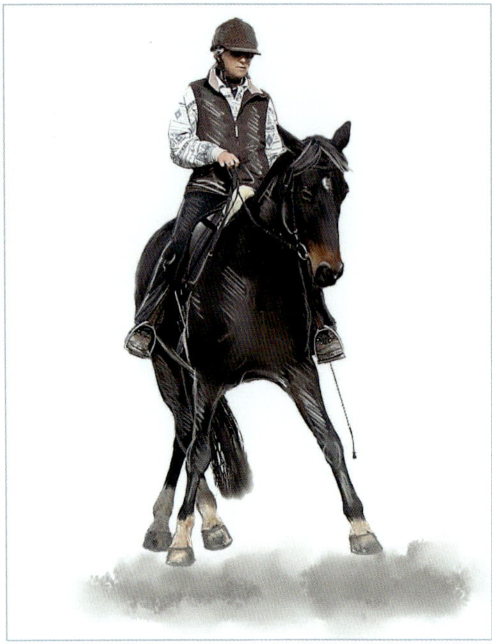

Traversale nach links. Auch in der Traversale können während der Seitwärtsbewegung Übergänge vom Schritt zum Trab oder zum Halten geritten werden.

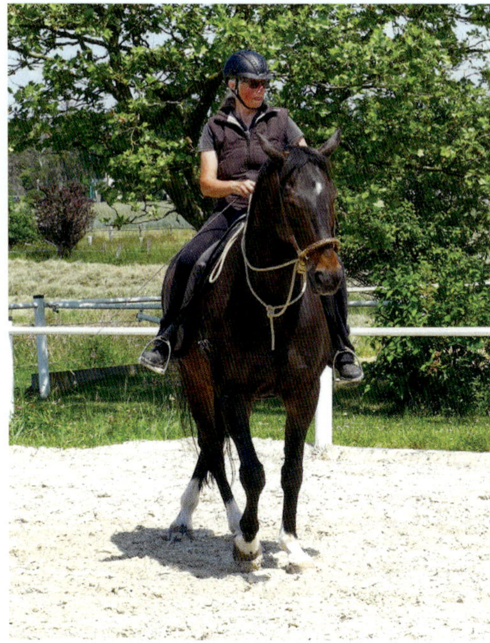

Renversvolte rechts mit Stellung und Biegung nach links.

Bewegung auch mit Reitergewicht auszuführen. Die richtige Kontrolle am äußeren Zügel und eine gute Vorstellung von der Bewegung im Raum sind unverzichtbar. Das Pferd muss die innere Schulter oben lassen; es darf sich weder hinter dem Zügel verkriechen, noch drauflegen oder zu weit im Hals nach innen gestellt werden. Halten Sie das Pferd mit dem äußeren Zügel relativ gerade und stellen es nur leicht in Bewegungsrichtung. Zeigen Sie ihm mit einem kurzen Impuls des inneren Zügels (mit getragener und leicht seitwärts geführter Hand) den Weg in die Wendung hinein und schieben Sie die innere Hüfte nach vorne. Der Oberkörper bleibt in sich gerade und mittig über dem Pferd. Der Kopf wird aufrecht getragen und um 90 Grad gedreht. Nur gedreht, nicht seitwärts geneigt! Die innere Hand darf bei Bedarf eine Aufwärtsparade (Richtung Maulwinkel/Ohr des Pferdes) geben, wenn es auf die innere Schulter fällt. Wichtige Kriterien der richtig ausgeführten Hinterhandwendung sind die Schulterfreiheit, die Lastaufnahme des inneren Hinterbeines bei taktmäßigem Mittreten (es darf sich nicht ohne angehoben zu werden in den Boden drehen) sowie der Bewegungsfluss und das stockungsfreie Übertreten der Vorderbeine. Von großer Bedeutung ist, dass das äußere Vorderbein vor dem inneren kreuzt. Das zeigt, dass die Bewegung richtig entwickelt wurde und tatsächlich noch eine Vorwärtsbewegung ist.

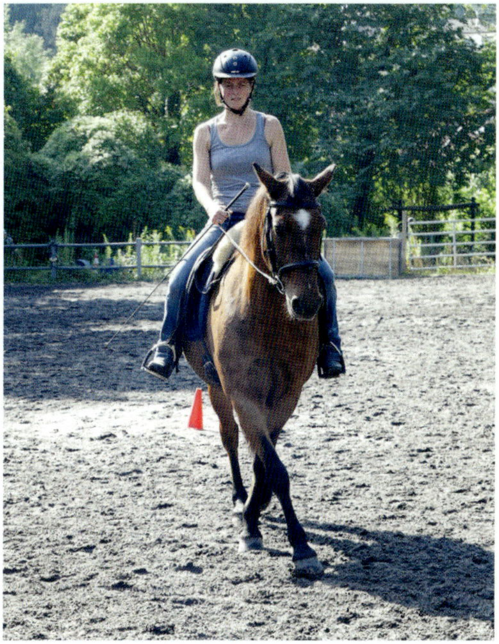

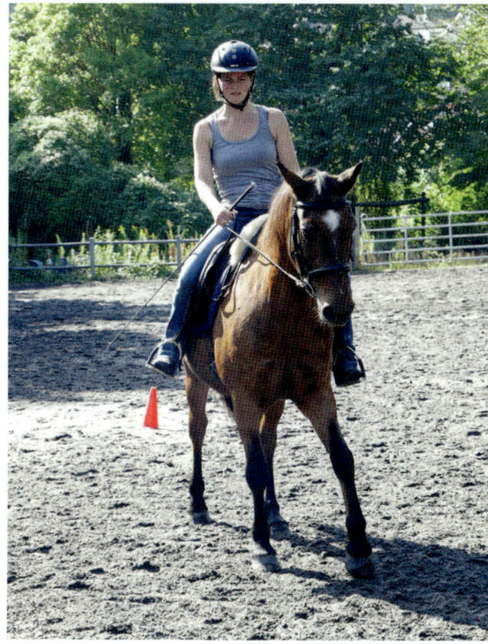

Traversale nach links: Gute Stellung und Haltung des Pferdes. Die Reiterin könnte besser in Bewegungsrichtung schauen und auf dem Bild rechts ist sie auch mit dem Oberkörper zu stark nach rechts und etwas in Schieflage geraten.

Bei den ersten Übungen kann man die Hinterhandwendung auch in Außenstellung reiten. Das fällt den meisten Pferden leichter, weil sie die äußere Seite dabei nicht so stark dehnen müssen.

Travers, Renvers, Traversale

Der einzige Unterschied zwischen den Seitengängen mit Stellung und Biegung in Bewegungsrichtung und den Hinterhandwendungen ist tatsächlich die Ausrichtung der Bewegung, die Fortbewegung des Pferdes im Raum.
Travers und Renvers sind gleiche Bewegungen und unterscheiden sich nur durch die begrenzende Bande. Die Traversale unterscheidet sich vom Travers durch die Bewegungsrichtung. Bewegen sich beim Travers Vor-und Hinterhand auf verschiedenen Spuren auf der Geraden bzw. auf der Zirkellinie, so ist die Traversale eine Diagonale im Raum. Den meisten Pferden fällt die Traversale schwerer als das Travers. Das liegt daran, dass in der Diagonalen die Vorhand führen und das äußere Beinpaar noch weiter seitwärts in die Bewegung hineintreten muss. D.h. die Dehnung der äußeren Seite verstärkt sich und die Schulterfreiheit muss noch besser ausgeprägt sein.

Haltung und Einwirkung des Reiters in allen Hinterhandwendungen und Traversbewegungen

Der Sitz und die Ausrichtung des Reiters in Tra-

Seitengänge mit Stellungswechsel auf dem Zirkel und auf der Geraden

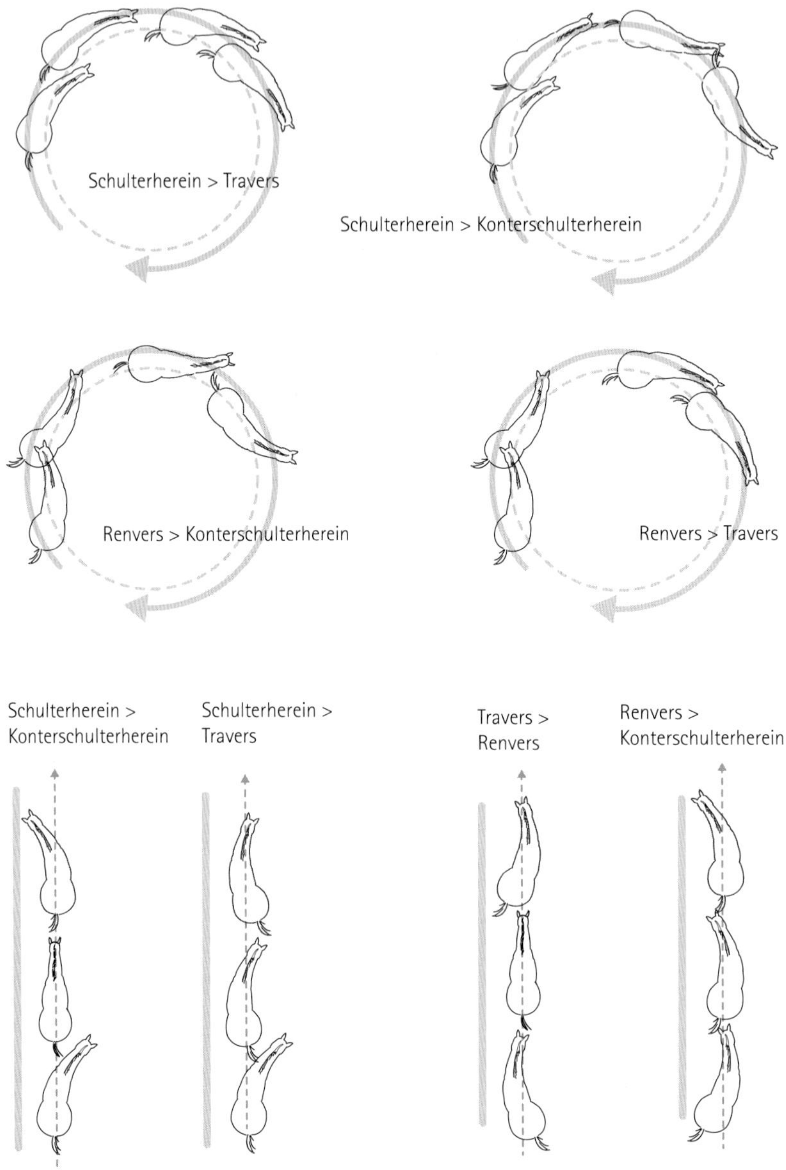

Stellungswechsel im Quadrat

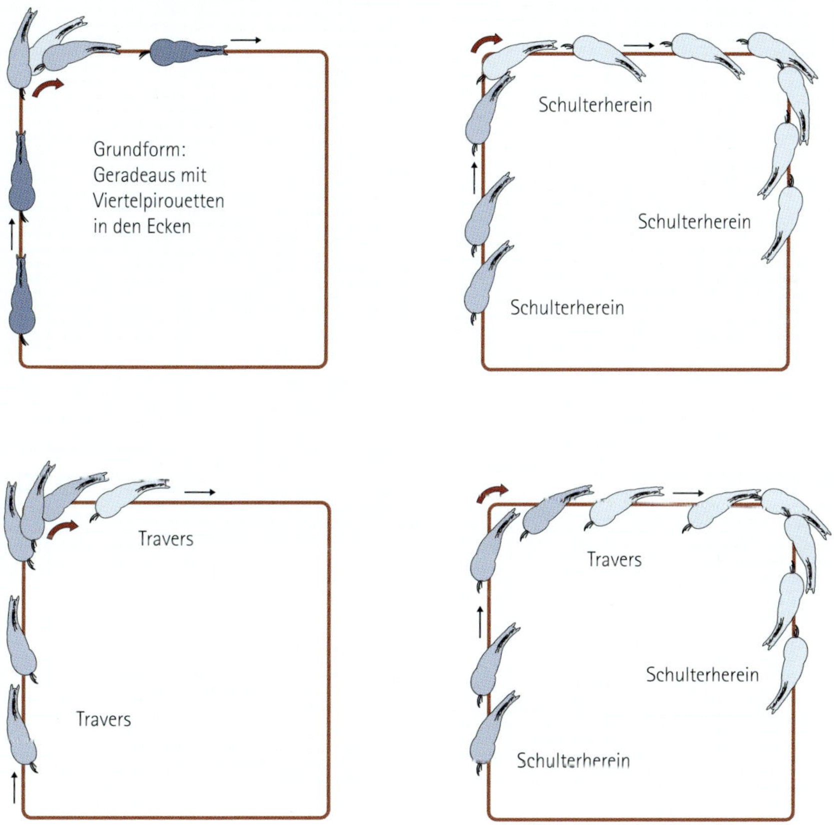

Feinabstimmung der Hilfen in der Quadratübung
In der einfachsten Form der Quadratübung oben links geht das Pferd an den Seiten geradeaus, in den Ecken beschreibt es eine Viertelpirouette (= Hinterhandwendung um 90 Grad).
Statt geradeaus kann an den Seiten Schulterherein oder Travers geritten werden. In den Ecken wird jeweils Stellung und Ausrichtung geändert.
Das Quadrat ist eine hervorragende Übung zur Feinabstimmung aller Hilfen. Es kann in der fortgeschrittenen Variante in allen Gangarten geritten werden. Im Galopp stellt es eine gute Vorbereitung für die ganze (360°-)Pirouette dar.

vers, Traversale und Hinterhandwendung folgen dem gleichen Prinzip.
Der Oberkörper bleibt immer senkrecht, in sich gerade und stabil; alle Seiten sind gleich lang (vorne-hinten-rechts-links), ohne Verdrehungen in der Taille. Die Schultern bleiben auf einer Höhe. Der Kopf wird in Bewegungsrichtung gedreht, ohne dabei in der Halswirbelsäule abzuknicken oder ihn schief zu legen (Blickrichtung, Orientierung im Raum). Über das Drehen des Kopfes wird die Bewegungsrichtung gesteuert. In der Hinterhandwendung ist die Kopfdrehung dementsprechend stärker (90 Grad) als in der Traversale (ca. 40 Grad).
Der innere Gesäßknochen, die innere Hüfte, wird vorgeschoben. Dabei sollte die Belastung auf beiden Sitzknochen etwa gleich stark bleiben (mittig über dem Pferd bleiben).
Der wichtigere, äußere Zügel kontrolliert die Genickbeugung und begrenzt die Bewegung nach vorne – in der Hinterhandwendung stärker, in Travers und Traversale weniger. Der innere Zügel stellt und wird dann lose; er kann anfangs ein wenig seitwärts geführt werden, um dem Pferd die Richtung zu zeigen. Auf jeden Fall bleibt die innere Hand jedoch vorne und oben! Beide Knie bleiben tief, die Beine hängen, beide Unterschenkel liegen weiterhin locker am Pferd, ohne zu klemmen: Die Beine werden impulsartig eingesetzt wie auch eine Gertenhilfe – und nur dann, wenn es etwas zu korrigieren gibt. Der äußere Schenkel verhindert bei Bedarf ein Ausfallen der Hinterbeine nach außen. Er muss nicht unbedingt weit zurückgelegt werden.

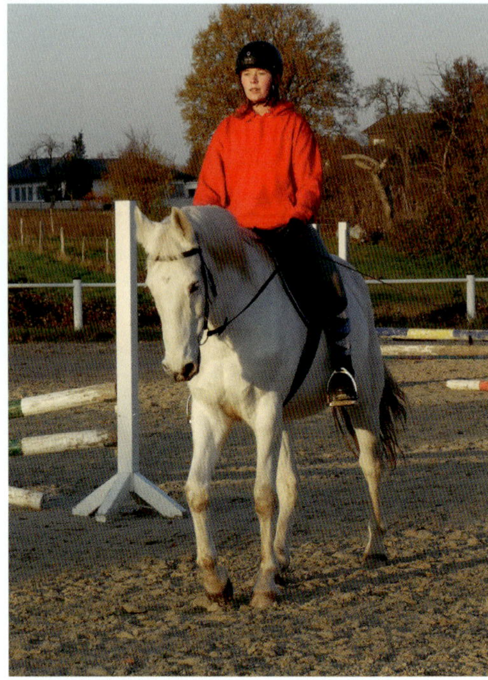

In Bewegungsrichtung schauen, um die Orientierung im Raum zu behalten.

Kontakt halten, ohne am Zügel zu ziehen; oft reicht schon das Zügelgewicht, wenn die Präsenz des Reiters stimmt.

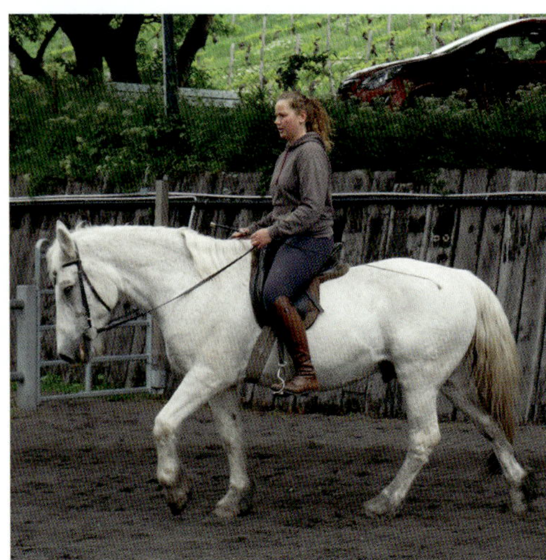

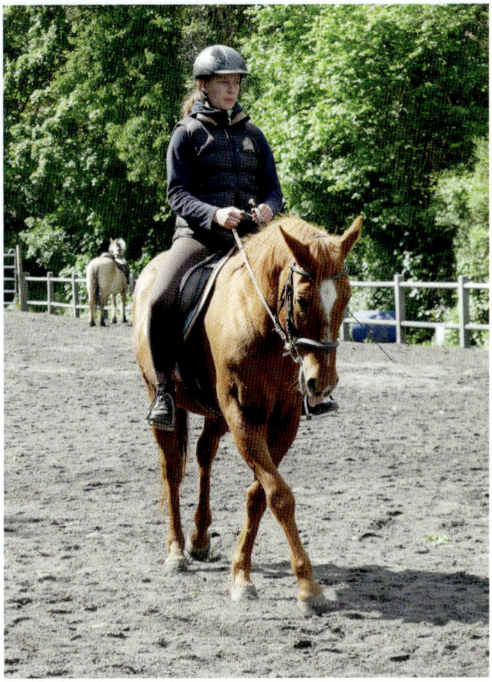

Das Pferd in der Längsachse gerade halten zum Abwenden; die äußere Schulter kontrollieren.

Die innere Hand balanciert vor sich her tragen. Hier könnte der Oberarm noch etwas entspannter hängen.

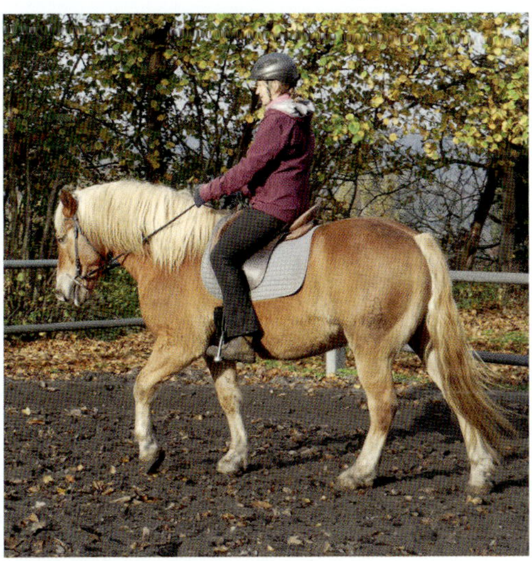

Das Quadrat und seine unbegrenzten Möglichkeiten

Wer die einzelnen Seitengänge beherrscht, kombiniert sie im Quadrat und wechselt virtuos zwischen verschiedenen Ausrichtungen, Abstellungen, Hinterhand- und Vorhandwendungen sowie geradeaus hin und her (Bild Seite 81).

Eine Liste der gängigsten Fehler bei den Übergängen, beim Abwenden und bei den Seitengängen ...

... und wie man sie behebt

- Herüberhängen des Oberkörpers gegen die Bewegungsrichtung (-> mittig bleiben, alle Seiten des Oberkörpers gleich lang).
- Bohren mit dem Absatz, Klemmen und dauerhaftes Drücken mit dem Schenkel (-> Bein immer wieder bewusst hängen lassen).
- Festhalten am inneren Zügel. Das Pferd am inneren Zügel herumziehen wollen. Innere Hand nach hinten ziehen. (-> inneren Zügel loslassen, innere Hand vorne und oben lassen).
- Keine Kontrolle am äußeren Zügel (-> Pferd in der Längsachse gerader halten, äußere Schulter kontrollieren, Kontakt am äußeren Zügel halten).
- Keine Orientierung (-> Blickrichtung in Bewegungsrichtung, Kopfdrehung).
- Das Pferd rollt sich ein (-> Position zuweisen mit Aufwärtsparaden, immer wieder loslassen am Zügel, einhändig reiten).
- Das Pferd läuft nach vorne weg (-> Paraden am äußeren Zügel, enge Wendungen reiten).

- Das Pferd tritt nicht seitwärts über (-> Gerteneinsatz am inneren Hinterbein, dazu mit einhändiger Zügelführung reiten, Gerte in die freie Hand).
- Das Pferd liefert keine Energie, es bewegt sich nicht auf Signal vorwärts (-> Gerteneinsatz, notfalls einen Schritt zurückgehen und am ›Vorwärts auf Signal‹ arbeiten, Resensibilisierung).
- Das Pferd läuft über die äußere Schulter weg (-> gerader halten in der Längsachse, Impulse am äußeren Zügel, äußere Schulter kontrollieren, ggf. mit einhändiger Zügelführung reiten).
- Das Pferd verwirft sich im Genick (-> Längsachse gerade halten, weite Stellung der Hände, um den Hals besser gerade zwischen den Zügeln zu halten).
- Zu weites Abstellen des Pferdehalses nach innen (-> Loslassen am inneren Zügel, innere Hand vorne und oben lassen, evtl. einhändig reiten, Pferd in der Längsachse gerader lassen, Schulterkontrolle am äußeren Zügel).
- Das Pferd mit dem äußeren Schenkel herüberdrücken wollen, was meist zu einem Seitwärtshängen des Oberkörpers auf der gedehnten/äußeren Seite des Pferdes führt (-> Schenkel impulsartig einsetzen, Gerteneinsatz an der äußeren Seite statt Schenkeleinsatz, mittig über dem Pferd bleiben, Zügel in eine Hand nehmen).
- Verdrehungen im Oberkörper, so dass die falsche – äußere – Hüfte nach vorn kommt (-> stabil im Oberkörper bleiben, alle Seiten gleich lang).
- Starres Festhalten beider Zügel, Pferd zu eng im Hals, was zu mangelnder Schulterfreiheit führt (-> Aufwärtsparade am inneren Zügel, danach loslassen, Schulter des Pferdes oben behalten, Energie aus der Mitte nach vorn-oben richten bei senkrechtem Oberkörper, Rücklage vermeiden).
- Der Reiter schaut nach unten auf den Hals, das Pferd kriecht rückwärts, mangelnde Vorwärtstendenz (-> Blickrichtung: Kopf in die gewünschte Bwegungsrichtung drehen, ohne die Schulter mitzudrehen, innere Hüfte gut vorne lassen, Gerte zum Vorwärtstreiben einsetzen, Aufwärtsparaden, um die Schulter frei zu halten).
- Das Pferd schlägt in der Hinterhandwendung das äußere, überkreuzende Vorderbein an das innere oder es kreuzt mit dem äußeren Vorderbein hinter dem inneren (-> mehr Vorwärtsbewegung, an Travers im Kreis denken, die Hinterhand kann ruhig einen kleinen Kreis beschreiben, Zügel loser lassen, Schulterfreiheit erhalten, Aufwärtsparaden).
- Das Pferd bleibt nicht auf der beabsichtigten Linie. Keine Orientierung im Raum – dem Pferd auf den Widerrist schauen, statt in die Richtung, in die man reiten will (-> Blickrichtung und Ausrichtung des Beckens in Bewegungsrichtung, äußerer Zügel mit Kontakt).
- Oberkörper instabil und schief: Einknicken in Hüfte oder Halswirbelsäule (-> Bein hängen lassen, Gerte statt Bein, Hüfte/Gesäßknochen in Bewegungsrichtung vorschieben, mittig und gerade über dem Pferd bleiben, Längsachse des Pferdes gerader halten).
- Pferd klemmt in der Seitwärtsbewegung bzw.

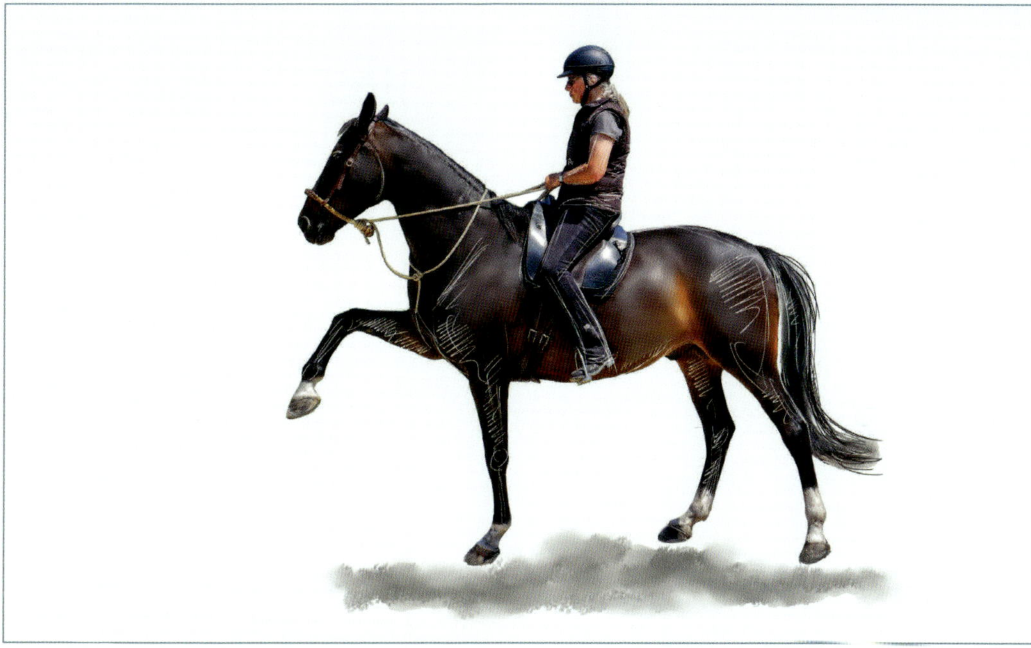

im Übergang, kein Nachgeben am (inneren) Zügel; die Bewegung festhalten wollen, am inneren Zügel nach hinten ziehen (-> inneren oder beide Zügel loslassen, innere Hand oben und vorne lassen und seitwärts in Bewegungsrichtung führen, Hand vor sich hertragen, evtl. Gerte nach oben nehmen, Gerte an der Schulter einsetzen).

- Zu starkes Stellen im Genick; verringert die Schulterfreiheit und erschwert dem Pferd die Bewegung (-> Schulter des Pferdes nach oben bringen, Aufwärtsparade, Pferd im Hals gerader halten).
- Eine Hand diagonal über den Widerrrist ziehen; macht Pferd und Reiter schief und führt zum Verwerfen (-> Hände rechts und links vom Widerrist lassen, Achselhöhlen beide gleich stark schließen, Arme in die Außenrotation, Oberkörper auf allen Seiten gleich lang lassen.
- Die innere Hand herunterdrücken (-> Hand bewusst nach vorne oben anheben. Idee: ein Glas Wasser in der Hand balancieren.
- Den äußeren Arm ausstrecken; die äußere Seite wird instabil, die Schulter fällt nach vorne, das Pferd weicht über die äußere Schulter aus (-> Ellbogen beim Körper behalten, Achselhöhle außen bewusst schließen, Arm in die Außenrotation drehen).

Der Spanische Schritt

Eine schöne Übung für die Verbesserung der Schulterfreiheit ist der Spanische Schritt. Er wird sinnvollerweise an der Hand vorbereitet. Durch Touchieren am jeweiligen Vorderbein wird das Pferd dazu gebracht, das Bein zu heben und nach vorn zu strecken. Damit die Übung einen gymnastischen Wert hat, soll die Schulter möglichst weit nach oben rotieren. Das übt man am besten erst einmal im Halten, weil es für das Pferd in der Bewegung eine größere Herausforderung für das Gleichgewicht bedeutet. Man wird schnell feststellen, dass das Pferd nicht beide Beine gleich hoch hebt. Das hat etwas mit der besser und schlechter koordinierten Seite des Pferdes zu tun.

Auf der schlechteren Seite sollte man immer wieder auf ein höheres Anheben bestehen und das dann belohnen.

Klappt das im Stehen, kann man an der Hand beginnen, vorwärts zu gehen. Unterschätzen Sie die koordinatorischen Schwierigkeiten des Pferdes dabei nicht. Beginnen Sie vielleicht am Anfang mit der Polka: Einmal Bein heben, dann drei Schritt vorwärts und Bein heben mit dem anderen Vorderbein. Immer verbunden mit einem Antippen des Vorderbeines. Mit zunehmender Routine kann man dann dazu übergehen, die Schulter statt des Beines anzutippen (so wie man es dann auch in der gerittenen Version machen kann. Wenn das Vorwärts verloren geht, kann man mal wieder auch das Hinterbein touchieren. Will man die Übung dann von oben nachreiten, so touchiert man die Schulter mit der Gerte und schiebt jeweils die Hüfte gegen den gegenhaltenden gleichseitigen Zügel. Unter Umständen auch erst einmal die Polka-Bewegung üben, damit das Pferd im Vorwärts bleibt.

Passen Sie dabei auf, dass Sie nicht in Rücklage geraten und nicht zu viel mit dem Bein arbeiten.

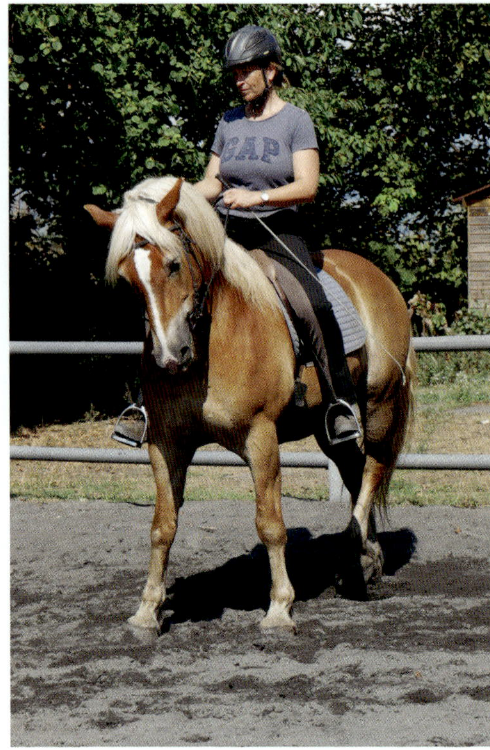

Hier ist im Schulterherein der innere Zügel zu viel und der äußere zu wenig angenommen. Die innere Hand hat die Tendenz, über den Widerrist nach außen zu ziehen. Das Pferd verwirft sich und wird zu eng im Hals. Haltung und Ausrichtung der Reiterin sind jedoch ansonsten in Ordnung.

Das Becken sollte immer wieder senkrecht gestellt werden, sonst stockt die Vorwärtsbewegung.

Korrekturen von Haltung und Richtung

Das Verwerfen im Genick verhindern

Wenn das Pferd das Genick in die eine Richtung und die Nase in die andere stellt, spricht man von Verwerfen. Mangelnde Geraderichtung, falsche

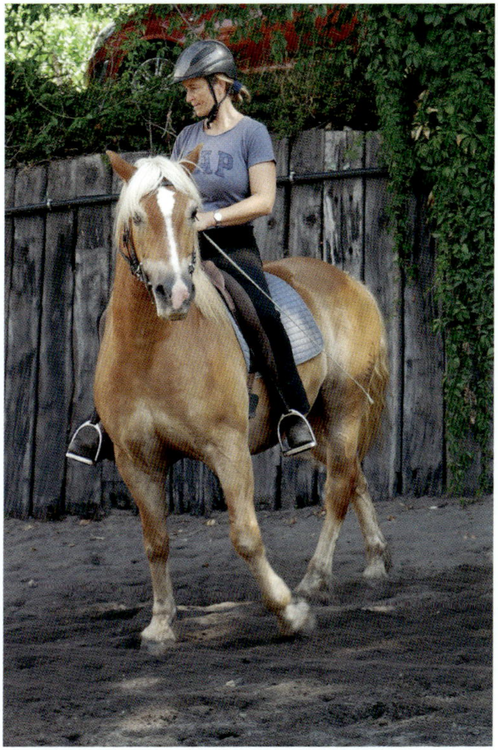

Hier ist der Hals zu weit nach innen gestellt und das Pferd weicht über die äußere Schulter aus. Die innere Hand hat eine leichte Tendenz, über den Widerrist nach außen zu ziehen. Der äußere Zügel müsste jetzt die Schulter am Ausweichen hindern und der innere Zügel sollte leicht nach links führen, um ein wenig Genickstellung nach links zu geben.

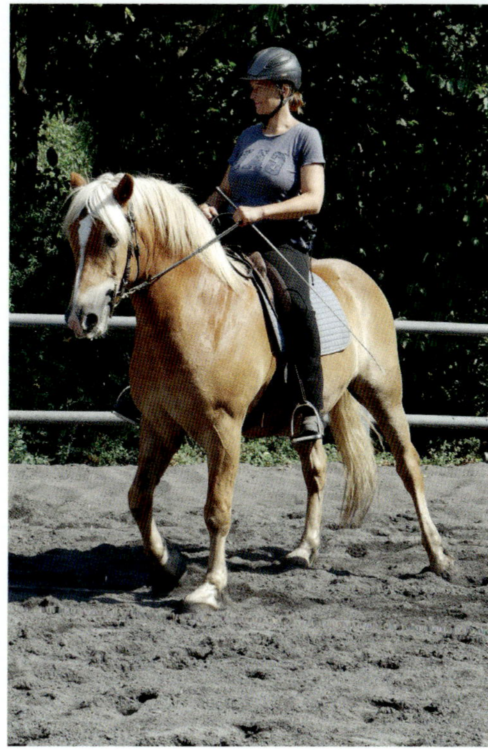

Um das Ausweichen und Verwerfen zu korrigieren, muss das Pferd in der Längsachse gerader gehalten werden – auch wenn damit die Grenze zum Schenkelweichen verschwimmt. Die Hände bleiben rechts und links vom Widerrist und werden getragen (was hier schön zu sehen ist). Die Nase des Pferdes bleibt vor der Senkrechten, der Hals wird frei getragen.

ziehende oder diagonal nach außen führende Einwirkung mit dem inneren Zügel und zu wenig Kontakt am äußeren sind die Hauptursachen. Weniger Einsatz des inneren Zügel beim Abwenden, Abwenden mit gerader Längsachse des Pferdes oder in Außenstellung oder auch ein Weitstellen der Hand, um den Pferdehals gerade zwischen den Zügeln zu behalten, sind Korrekturmittel der Wahl. Vor allem muss der Reiter die ›Idee der Kontrolle mit dem inneren Zügel‹ aufgeben.

Das Einrollen (hinter dem Zügel) korrigieren

Ein Pferd, welches sich einrollt und dem Zügelkontakt nach hinten-unten ausweicht (und damit auf die Schulter fällt), zu korrigieren und wieder ›vor sich‹ zu bekommen (Schulter frei und hoch, Hals getragen) ist im Schritt schwer. Da das Pferd beim Einrollen die Zügelhilfen ›ins Leere laufen lässt‹ hat der Reiter wenig Chancen, wieder Kontakt zu bekommen, ohne den Zügel immer kürzer

zu nehmen – und damit den Hals meist noch weiter zu verkürzen und einzurollen, bis das Pferd sich in die Brust beißt.
Eine Korrektur kann nur über Vorwärtsreiten erfolgen.
Dafür muss ein treibender Impuls wirklich mit Vortreten beantwortet werden und nicht mit Abwehrreaktionen, wie z.B. einem Zurückschlagen des Halses.
Bei einem faulen, eingerollten Pferd wird deswegen erst einmal nur die prompte Reaktion auf eine treibende Hilfe gefordert (siehe Resensibilisierung), ohne irgendetwas am Zügel zu machen. Erst, wenn das Pferd auf Impuls bedingungslos vorwärtsgeht, kann der Reiter vorne eingreifen und durch halbe Paraden wieder Kontakt und Haltung herstellen.
Es gilt also, vorwärts zu reiten, bis das Pferd den Hals wieder lang macht, und die Nase vor die Senkrechte bekommt.

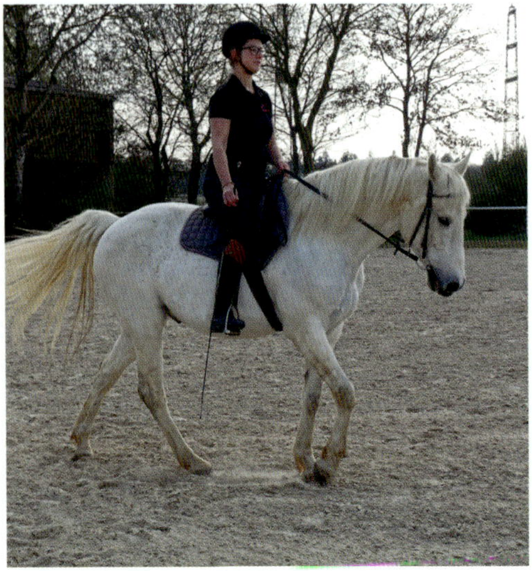

Wenn das eingerollte Pferd allerdings der Einwirkung davonrennt, wird es etwas anspruchsvoller. Hier ist der Schritt auf jeden Fall die Gangart der Wahl, um dem Pferd wieder Vertrauen zur reiterlichen Einwirkung zu geben. ›Aufwärtsparaden‹ können helfen, ein Rückwärtswirken des Zügels zu vermeiden. Engere Wendungen, Achten, Schenkelweichen und Schulterherein können als ›Bremse‹ eingesetzt werden. (Achtung: Ziehen am inneren Zügel vermeiden.) Irgendwann wird dem Pferd die Seitwärtsbewegung zu anstrengend und es beginnt langsamer zu werden.

›Den Hals hinstellen‹ statt ›an die Hand heranzutreten‹

Es gibt Pferde, die stellen ihren Hals optisch schön, jedoch starr, hin und sind nicht bereit, ihn zu verlängern und zu dehnen, wenn der Reiter sie dazu auffordert. Das geht natürlich immer mit einem Blockieren der Energie über den Rücken einher, wie beim Einrollen. Hier kann in wechselnder Biegung über das Reiten einer Acht oder auch von Schlangenlinien gearbeitet werden, so dass das Pferd zumindest die äußere Halsseite immer wieder wechselseitig ›lang machen‹ muss und an den äußeren Zügel herantritt.
Bei vielen Korrekturen, die den Zügelkontakt und die Anlehnung betreffen, kann es helfen, einhändig zu reiten (siehe Bild links).

Auf-den-Zügel-Legen und Gegen-die-Hand-Gehen korrigieren

Andere Pferde wehren sich bei jeder Gelegenheit gegen die Zügeleinwirkung. Sie versteifen das Genick, büffeln nach unten oder ziehen nach vorn

und versuchen, die Bewegungsenergie von hinten auf den stützenden Vorderbeinen und durch Abstützen in der Reiterhand abzufangen, weil sie es viel zu anstrengend finden, die Gelenke hinten zu beugen. Das passiert vor allem in den Übergängen nach unten: Trab-Schritt und Galopp-Schritt. Diesen Pferden nimmt man konsequent die Stütze (= die durchhaltende Hand) weg, egal wie das erst mal aussieht. Für alle Paraden gilt das Prinzip der Stotterbremse: Annehmen und nachgeben, am besten mit einer aufwärts gerichteten Zügelhilfe. Wirklich ungezogene kleine Büffel kann man bei der Parade auch einmal mit dem Kopf zur Bande zu stellen oder einfach geradeaus in die Ecke lenken. Steht er mit der Nase vor der Wand, wird er schon stehen bleiben.
Manchmal manchmal muss man auch überprüfen, ob der Reiter nicht derjenige ist, der zuerst am Zügel zieht und das Pferd erst zum Gegendruck animiert. Viele Reiter neigen zum überzogegen Kontrollieren der Haltung (insbesondere in den Übergängen) und das Pferd würde viel schneller nachgeben, wenn es einen loseren Zügel bekäme (siehe Bildserie nächste Seite).

Korrekturmöglichkeiten, wenn das Pferd den Zügelkontakt aktiv unterbricht

Gegenhalten und ›Hand zumachen‹ aus dem stabilen Oberkörper

Ein Kontakt-Halten und auch ein bisweilen nötiges kurzes Gegenhalten muss aus dem stabilen Sitz und ohne direkte Krafteinwirkung aus dem Arm erfolgen. Setzen Sie den Oberkörper als stabilen Block, wie einen ›Fels in der Brandung‹ ein. Wenn das Pferd gegen die Hand geht, machen Sie ganz kurz die Faust fest zu, ›verriegeln‹ praktisch damit den Ellbogen (der dann die Bewegung nicht mehr abfedert) und koppeln die Arme an die Körperspannung. So halten Sie mit Ihrer Körperspannung gegen und nicht mit Kraft im Arm (= Ziehen). Der Oberkörper bleibt dabei völlig senkrecht und wird auf keinen Fall nach hinten geworfen (die Gesäßknochen zeigen weiterhin nach unten). Der Ellbogen bleibt gewinkelt (der Arm wird nicht gerade ausgestreckt). Das funktioniert allerdings nur kurzzeitig. Danach muss sofort wieder Spannung aus dem Zügel herausgenommen werden, damit sich das Pferd nicht drauflegt. Gegebenenfalls wiederholen Sie dieses kurze Gegenhalten mehrfach, bis sich das Pferd selbst trägt (nach dem Motto: »Hiergeblieben, dann geht der Druck weg«).
Langfristiges Gegenhalten ist nicht möglich, weil das Pferd auf Dauer mehr Kraft hat, um den Hals dagegen zu spannen, auch wenn Sie fürs Gegenhalten die Spannung aus dem Oberkörper einsetzen und nicht mit Kraft im Arm arbeiten.

Wenn ein Pferd wirklich heftig nach unten oder vorne zieht und versucht, dem Reiter die Zügel aus der Hand zu reißen, lassen Sie den Zügel einfach durch die Hand gleiten. Wenn kein Druck mehr da ist, gegen den es sich wehren ›muss‹, wird das Pferd über kurz oder lang damit aufhören, Ihnen die Zügel wegzuziehen. Danach sammeln Sie die Zügel wieder ein (da ist es hilfreich, wenn Sie routiniert im Nachgreifen sind) und versuchen erneut, Kontakt herzustellen.
Was Sie nie machen sollten, ist bei solchen Problemen, Hilfszügel einzusetzen! Damit lernen

Bewegungsstudien zum Übergang Schritt-Trab

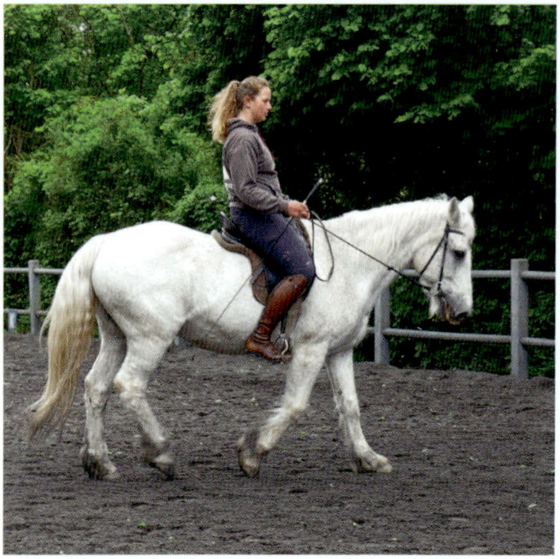

Hier versucht die Reiterin vor dem Übergang zum Trab, das Pferd aktiv an den Zügel heranzuschieben – mit zudrückendem Schenkel und leicht gekipptem Becken. Der innere Zügel ist relativ straff und das Pferd drückt dagegen.

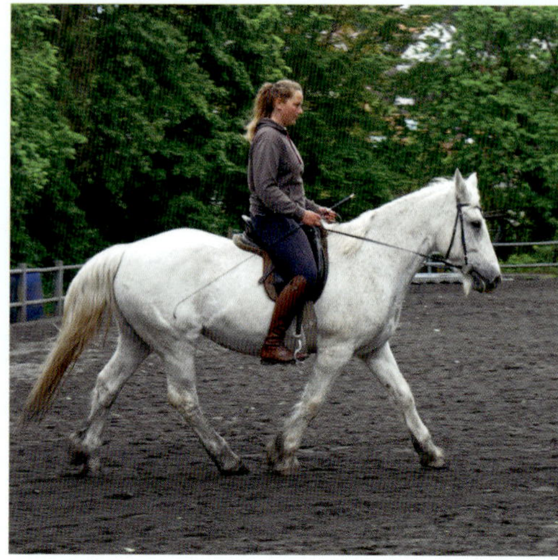

Das Pferd baut Gegendruck gegen die haltende Hand auf und versteift Genick und Schulter beim Antraben.

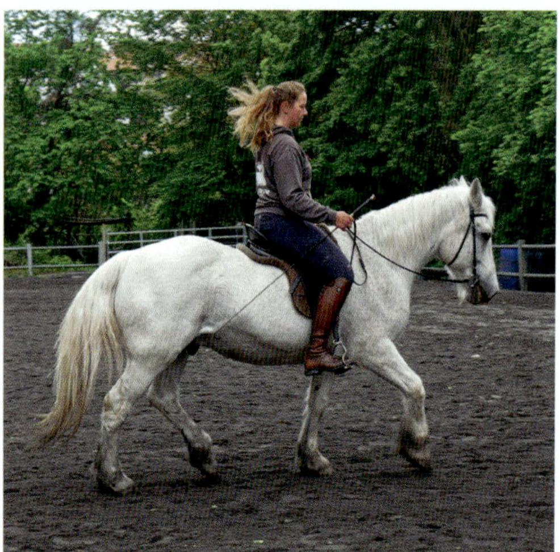

Dieser Übergang vom Schritt in den Trab wurde am losen Zügel nur durch Energieverschiebung geritten. Das Pferd bleibt weich im Genick und balanciert sich in Selbsthaltung aus.

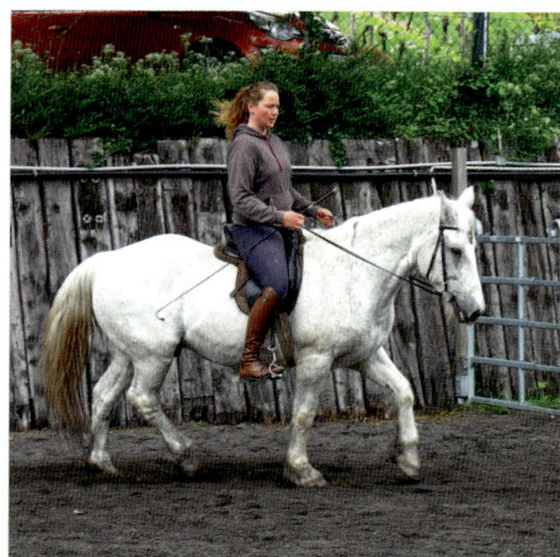

Bevor ein erneuter Übergang zum Schritt erfolgt, muss der Trab hinsichtlich Nachgiebigkeit im Genick und Energieentwicklung in Ordnung gebracht werden – also eine funktionelle Haltung hergestellt werden: hier durch leichtes Auseinanderziehen der Hände (weite Stellung).

weder Mensch noch Pferd, den Kontakt herzustellen.

Asymmetrien beseitigen, Exkurs zur Schiefe

Das Pferd und auch der Reiter sind von Natur aus asymmetrisch. Sie haben eine besser koordinierte, stärkere und dehnfähigere Seite und eine schlechter koordinierte, schwächere – beim Pferd ›hohle‹ – Seite mit verkürzter Muskulatur.
Beim Pferd kommt noch hinzu, dass die beiden Hinterbeine sich unterschiedlich gut beugen können.
Man spricht in diesem Zusammenhang auch von 4 Hinterbeinen des Pferdes – jeweils ein inneres und ein äußeres auf jeder Hand (und ein aufgrund der Asymmetrie mehr schiebendes und ein mehr tragendes Bein). Das stärkere Hinterbein beugt sich und nimmt Last auf, das steifere Hinterbein schiebt das Pferd diagonal nach außen oder innen über die Schulter weg.
Beim Menschen kommt eine starke Handorientierung hinzu, die dazu führt, dass er viele Probleme mit Handeinwirkung – vor allem mit der stärkeren rechten Hand (bei Rechtshändern) lösen will, die richtigerweise über Ausrichtung und Beckenstellung gelöst werden müssten. Durch Ziehen oder Festhalten am inneren Zügel verdreht sich der Reiter im Oberkörper und treibt so das Pferd oft noch weiter in eine Schiefe hinein. Es gilt also, nicht nur das Pferd geradezurichten; auch der Reiter muss Asymmetrien bei sich erkennen und sich selbst gerade richten.
In manchen Fällen gleichen sich die beiden Asymmetrien aus: Der Reiter ist rechts besser koordiniert, das Pferd links leichter zu biegen. Wo sich zwei ›schlechte‹ Seiten aufsummieren, gibt es größere Probleme.
Ist der Reiter auf einer Seite sehr schlecht koordiniert oder hat insgesamt ein schlechtes Bewegungs- und Körpergefühl, so kann er die Arbeit des Geraderichtens nicht übernehmen.
Leider wird der Asymmetrie des Reiters von vielen Reitlehrern nur sehr wenig Beachtung geschenkt. Die meisten Reiter haben keine Ahnung von ihrer eigenen Asymmetrie, sitzen schief auf dem Pferd, ohne es zu merken, und wundern sich, dass das Pferd nicht gerade wird und immer nach einer Seite herausdrängelt oder hereinkippt.
Die Korrektur der Schiefe des Reiters ist jedoch wichtiger als das Geraderichten des Pferdes und muss diesem vorausgehen, denn ein schiefer Reiter kann dem Pferd keine ›geraden‹ Vorgaben machen (s.o.).
Meine Erfahrungen zeigen, dass die Schiefe des Pferdes für die Ausbildung des Systems Reiter-plus-Pferd weniger gravierende Auswirkungen hat, als die des Reiters.

Korrekturen in Konterstellung – die Schulterkontrolle

Die Korrektur des Herausdrängelns und Hereinkippens in Wendungen

Das links hohle Pferd mit einem schwachen linken Hinterbein wird sich in der Linkswendung (z.B. Zirkel) zu stark biegen und über die Schulter nach rechts aus der Wendung drängeln, weil es das linke Hinterbein nicht gut beugen kann und es diagonal nach außen schiebt. In der Rechtswendung wird es sich schlecht biegen lassen, weil

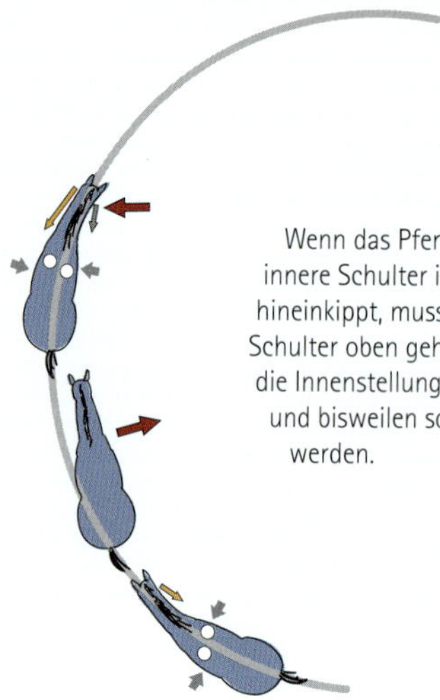

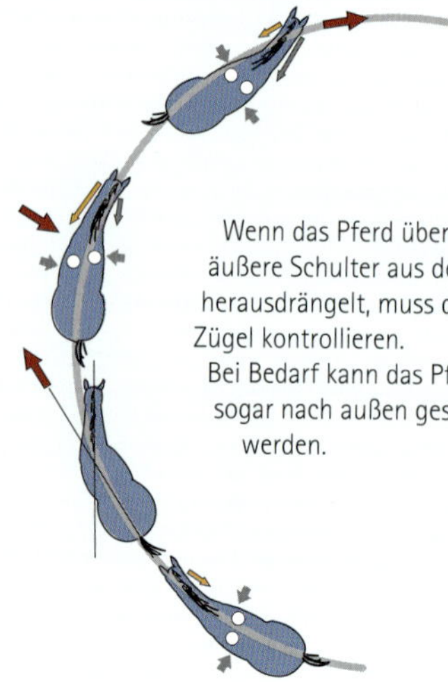

es die linke, verkürzte Seite nicht gut dehnen kann. Es wird versuchen, links hohl zu bleiben, bleibt in Außenstellung und kippt über die rechte Schulter in den Zirkel hinein. Das steife (unbeugsame) linke Hinterbein schiebt das Pferd zusätzlich diagonal über die Schulter nach innen in die Wendung hinein.

Diesem Bestreben muss der Reiter entgegenwirken. Das Wechseln von Stellung und Biegung auf der Geraden und auf der Zirkellinie dehnt die jeweils verkürzte Seite und stärkt das schwächere Hinterbein.

Bei allen Übungen und Korrekturen zum Geraderichten geht es darum, beide Hinterbeine des Pferdes gleich stark zu machen und zum gleich weiten Vortreten auf beiden Händen zu animieren.

Korrekturstellungen arbeiten damit, **die innere und äußere Seite zu wechseln**, d.h. das Pferd in Wendungen (z.B. auf dem Zirkel) jeweils **dorthin zu stellen, wohin es mit der Schulter ausweicht** (Schulterkontrolle) und das Becken in die Richtung auszurichten, wohin man reiten möchte (Gesäßknochen/Hüfte in Bewegungsrichtung nach vorne). Im Schritt können Sie das in aller Ruhe üben und Bewegungsabläufe festigen, um sie dann in höheren Gangarten parat zu haben.

Wichtig ist dabei, dass der Reiter die Orientierung im Raum behält. Die Kopfdrehung/Blickrichtung geht immer auf die beabsichtigte Bewegungslinie. Und der Reiter muss wissen, wo sich Vorhand und Hinterhand des Pferdes befinden – und wohin er sie bewegen will.

Ein stabil im Gleichgewicht sitzender Reiter, der in der Lage ist, zu merken, wenn er durch ›Ausweichmanöver‹ des Pferdes aus dem Gleichgewicht gerät, bekommt die Schiefe des Pferdes immer in den Griff, indem er stur seine Position (Gesäßknochenpositionierung und Beckenstellung) auf dem Pferderücken behauptet; ein Reiter, der ständig mit Hand, Arm oder Unterschenkel einwirkt bekommt sie (und sich selbst) nicht in den Griff. Es ist nun natürlich nicht so, dass man ein steifes Pferd (mit ausgeprägter hohler Seite) biegen und geraderichten kann, ohne mit Hand/Zügel oder Unterschenkel einzuwirken. Gerade bei problematischen Pferden muss der Reiter alle Beeinflussungs- und Kontrollmöglichkeiten ausschöpfen, durchaus weit ausladende Zügelhilfen geben, die Schulter des Pferdes durch Aufwärtsparaden oben halten ... Doch er muss auch immer wieder Druck wegnehmen, loslassen, und dem Pferd die Möglichkeit geben, sich selbst auszubalancieren. Durch rechtzeitiges Loslassen, Wegnehmen des Drucks, bestätigt er das Pferd in dessen Reaktion. Und durch genügend Pausen hält er das Pferd bei Laune. Die Arbeit des Geraderichtens ist nämlich anstrengend fürs Pferd – und bisweilen fängt dann ein überlasteter Muskel auch an zu schmerzen.

Es ist oft nicht so wichtig, was man tut, um das Pferd zu einer erwünschten Reaktion zu veranlassen. Viel wichtiger ist, dass man rechtzeitig damit aufhört!

In diesem Sinne wünsche ich viel Erfolg beim Ausprobieren von alternativen Möglichkeiten und dem Bewusstwerden der eigenen Interaktion mit dem Pferd – damit alles mit der Zeit leichter wird.

Danke

An dieser Stelle möchte ich mich bei allen Reitern und Pferdebesitzern bedanken, mit deren Pferden ich die letzten Jahre arbeiten durfte. Insbesondere die eher ›schwierigen‹ Pferde mit körperlichen Problemen oder Einschränkungen und deren positive Entwicklung durch funktionelle Arbeit haben mich in meinen Ideen zu einer pferdefreundlichen Ausbildung bestärkt.
Zudem möchte ich allen Pferdebesitzern und Reitschülern danken, die die Fotos von mir gemacht haben, um die Arbeit zu dokumentieren. Die meisten Fotos in diesem Buch sind in alltäglichen Arbeitssituationen entstanden – praktisch nebenbei – und nicht gestellt.

Die einzelnen Reiter und Pferde
Daniela Bach mit Lana (Warmblut)
Jessica Dörsam mit Bailey (Tinker)
Martina Engelberg mit Feline (Westfale)
Antonia Herbert mit Amira (Deutsches Reitpony)
Julia Hielscher + Lilly Haug mit Korsarz (Polnisches Warmblut)
Katharina Deutschbein mit Sabri (Trakehner)
Judith Linke mit Magic (Connemara)
Michaela Michel mit Wellborne (Deutsches Sportpferd)
Ulli Reichert mit Nora (Norweger)
Julia Reichert mit Sunny (Quarter Horse x Araber)
Lena Steppat mit Lilli (Connemara)
Miriam Stickler mit Lady (Connemara)
Heidrun Süßmuth mit Lahib (Araber)
Ellen Venohr mit Scotch (Haflinger)
Jutta Walenski mit Runia (Polnisches Warmblut)
Hjördis Wilms mit Conn (Connemara)

Und zu guter Letzt mein Hannoveraner Calvados, der im Buch mit Julia Hielscher und mit mir abgebildet ist.

Zum Schluss noch ein kurzer Hinweis: Es gibt im Buch einige Fotos mit Reitern ohne Helm. Mit sicheren und gut erzogenen Pferden bei der kontrollierten Arbeit auf dem Reitplatz ist das ein vertretbares Risiko. Im Gelände haben diese Reiter auch einen Helm auf.

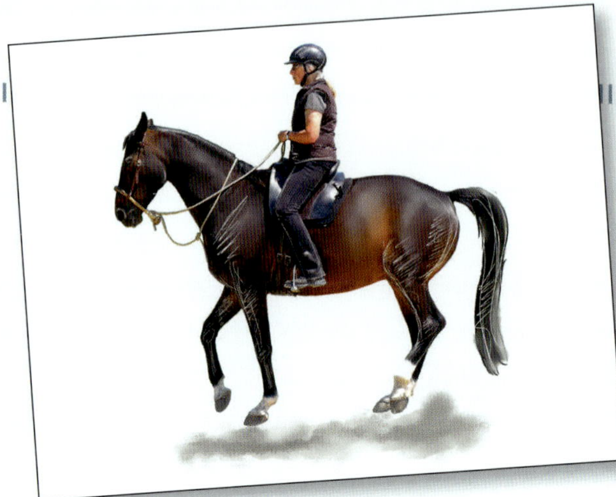

Kerstin Diacont

widmet sich seit 30 Jahren der ganzheitlichen Ausbildung von Pferd und Reiter. Sie nutzt dabei Know-how aus verschiedenen Reitweisen, aus anderen Sportarten, aus der Körper- und Energiearbeit sowie aus dem mentalen Training.

In vielen Büchern und in der dreiteiligen Videoserie ›Einfach reiten lernen‹ stellt sie ihr Konzept für ein harmonisches Miteinander von Mensch und Pferd vor. Grundidee ist dabei die Vorstellung von Mensch und Pferd als ein geschlossenes System in Bewegung, das vom Menschen gesteuert und vom Pferd mit Energie versorgt wird. Gleichgewicht, Losgelassenheit, Bewegungsfreiheit und Stabilität sind dabei die Schlüsselbegriffe für das gesamte System.

Ein zentrales Element ihres Ausbildungskonzeptes ist präzise Körpersprache und der ausbalancierte und stabile Sitz des Reiters, ohne den dieser nicht deutlich mit dem Pferd kommunizieren kann. Zudem braucht der Reiter eine gute Vorstellung von dem, was er erreichen will – und vor allem auch davon, wie das aussehen und sich anfühlen soll. Diese Elemente sind nicht an ein bestimmtes Ausbildungssystem gebunden und funktionieren vom Prinzip her für alle Pferde und Reitweisen. Das Thema ›Leichte Kontrolle‹ mit impulshaften Hilfen liegt ihr besonders am Herzen, weil immer wieder zu sehen ist, dass Reiter zuviel und mit Kraft in Arm und Bein oder einem falschen Konzept von Druckverstärkung arbeiten statt mit einer funktionellen ›Idee der Bewegung‹.

Unsere Erfolgsreihen
auf einen Blick ...

DIE REITSCHULE (AUSWAHL)

Urte Biallas, **Bodenarbeitskurs**, ISBN 978-3-275-02053-9
Kerstin Diacont, **Dressur für Fortgeschrittene**, ISBN 978-3-275-01749-2
Marlit Hoffmann, **Reiterrallyes – Reiterspiele**, ISBN 978-3-275-01850-5
Petra Dürr/Carola Steen, **Kaltblutpferde reiten**, ISBN 978-3-275-01939-7
Hannelore Leiser, **Voltigieren für Einsteiger**, ISBN 978-3-275-02144-4
Angelika Schmelzer, **Pferde erziehen**, ISBN 978-3-275-01709-6
Angelika Schmelzer, **Reiten im Gelände**, ISBN 978-3-275-01748-5
Sabine Schweickert, **Fahren für Einsteiger**, ISBN 978-3-275-02169-7
Viviane Theby, **So lernen Pferde**, ISBN 978-3-275-02081-2
Jutta Plötz, **Islandpferde**, ISBN 978-3-275-02052-2
Karen Uecker, **Der Reitbegleithund**, ISBN 978-3-275-01969-4
Sigrid Weppelmann, **Basispass Pferdekunde**, ISBN 978-3-275-01750-8

DIE HUNDESCHULE (AUSWAHL)

Alexandra Hoffmann, **Futter gibt's nur von mir**, ISBN 978-3-275-02074-4
Micaela Köppel, **Spiel und Spaß für jeden Tag**, ISBN 978-3-275-01732-4
Petra Krivy/Angelika Lanzerath, **Hunde verstehen**, ISBN 978-3-275-02116-1
Petra Krivy/Angelika Lanzerath, **Was ein Welpe lernen muss**, ISBN 978-3-275-01689-1
Petra Krivy/Angelika Lanzerath, **Einfach gut erzogen**, ISBN 978-3-275-02082-9
Uta Reichenbach/Gabriele Lehari, **Sinnvolle Beschäftigung**, ISBN 978-3-275-01929-8
Monika Schaal/Ursula Breuer, **Gastfreundlich**, ISBN 978-3-275-01862-8
Manuela van Schewick, **Apportieren mit Spaß**, ISBN 978-3-275-01754-6
Manuela van Schewick, **Kind trifft Hund**, ISBN 978-3-275-01979-3
Karen Uecker, **Hunde spielend motivieren**, ISBN 978-3-275-01998-4

HAPPY CATS (AUSWAHL)

Sylvia Born, **Katzenkinderstube**, ISBN 978-3-275-01864-2
Gabriele Müller, **Miau – Katzensprache richtig deuten**, ISBN 978-3-275-01782-9
Gabriele Müller, **Katzenspiele**, ISBN 978-3-275-01811-6
Annette Thomée, **Gesunde Katze**, ISBN 978-3-275-01839-0

Jedes Buch mit 96 Seiten
ca. 80 Abb., broschiert
je € 11,95 | € (A) 12,40

Müller Rüschlikon

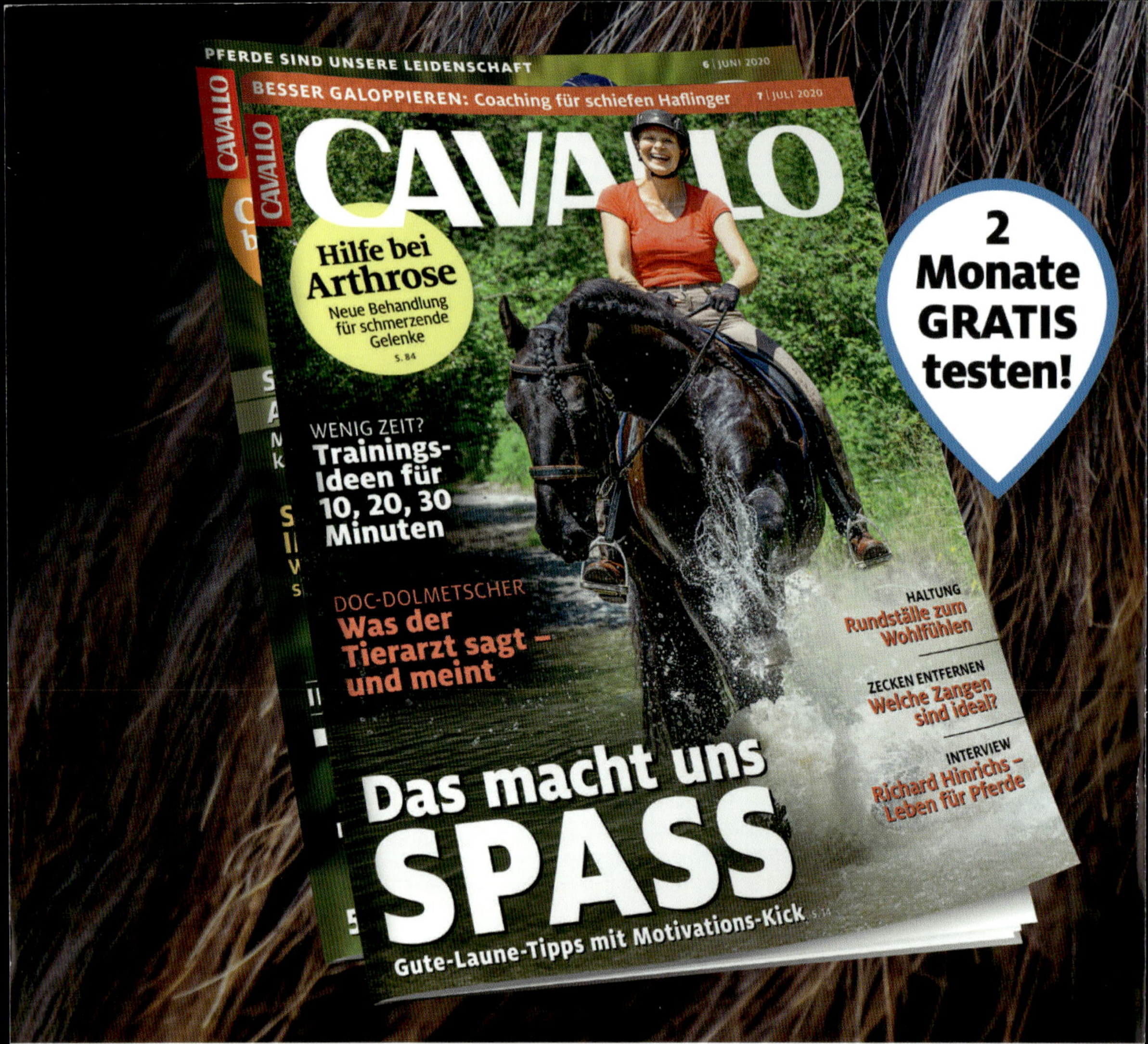
PFERDE SIND UNSERE LEIDENSCHAFT
6 | JUNI 2020
BESSER GALOPPIEREN: Coaching für schiefen Haflinger
7 | JULI 2020
CAVALLO
Hilfe bei Arthrose
Neue Behandlung für schmerzende Gelenke
S. 84
WENIG ZEIT?
Trainings-Ideen für 10, 20, 30 Minuten
DOC-DOLMETSCHER
Was der Tierarzt sagt – und meint
HALTUNG
Rundställe zum Wohlfühlen
ZECKEN ENTFERNEN
Welche Zangen sind ideal?
INTERVIEW
Richard Hinrichs – Leben für Pferde
Das macht uns SPASS
Gute-Laune-Tipps mit Motivations-Kick
2 Monate GRATIS testen!